Max Lucado

Keine Sorge!

Über den Autor

Max Lucado war langjähriger Pastor der *Oak Hills Church* in
San Antonio, Texas. Er ist verheiratet, Vater von drei Töchtern
und Verfasser vieler Bücher. Die Zeitschrift *Christianity Today*
zählt ihn zu den bekanntesten christlichen Autoren Amerikas.
   Zu seinen Bestsellern gehören u. a. „Leben ohne Angst",
„Du schaffst das", „Leichter durchs Leben" und „Wie man
Riesen besiegt".

Max Lucado

Keine SORGE!

Zuversichtlich und gelassen leben in unsicheren Zeiten

Aus dem Englischen von Oliver Roman

GerthMedien

Mit großer Freude widmen Denalyn und ich dieses Buch
Kahu Billy und Jenny Mitchell und
der wunderbaren Mana Christian Ohana-Gemeinde.
Fünfzehn Jahre lang habt ihr dafür gesorgt,
dass wir uns wie zu Hause gefühlt haben,
wenn wir bei euch waren.
Ihr seid uns sehr ans Herz gewachsen.

INHALT

KAPITEL 1

Weniger Sorgen,
mehr Vertrauen

Es ist eine eher unterschwellige Angst. Eine Nervosität, ein Grauen. Ein kalter Wind, der nicht aufhört zu heulen.

Es ist weniger ein Sturm als vielmehr die Gewissheit, dass einer kommt. Und er kommt ... immer. Sonnige Tage sind nur ein Intermezzo. Sie können sich nicht entspannen. Müssen immer auf der Hut sein. Jede Ruhepause geht vorüber, ist nur von kurzer Dauer.

Es ist weniger der Anblick eines Grizzlybären, als vielmehr die Ahnung, dass einer oder zwei oder zehn auf Sie warten. Hinter jedem Baum. Hinter jeder Kurve. Unvermeidlich. Es ist nur eine Frage der Zeit, bis der Grizzly aus dem Schatten hervorbricht, seine Reißzähne fletscht und Sie zusammen mit Ihrer Familie, Ihren Freunden, Ihrem Bankkonto, Ihren Haustieren und Ihrem Land verschlingt.

Da draußen droht Ärger! Deshalb schlafen Sie nicht gut.

Sie lachen nicht oft.

Sie freuen sich nicht darüber, dass die Sonne scheint.

Sie pfeifen nicht beim Spazierengehen.

Und wenn andere es tun, werfen Sie ihnen einen Blick zu. *Den Blick.* Den „Sie sind ja so naiv"-Blick. Vielleicht sprechen Sie sie sogar an. „Haben Sie denn nicht die Nachrichten gesehen und die Berichte gehört und die Studien gelesen?"

Flugzeuge fallen vom Himmel. Florierende Märkte stürzen ab. Terroristen terrorisieren. Gute Menschen entwickeln sich zum Negativen. Die nächste Hiobsbotschaft kommt bestimmt. Man wird noch Kleingedrucktes finden. Das Unglück lauert irgendwo dort draußen; es ist nur eine Frage der Zeit.

Sorge ist ein Meteoritenschauer, der aus lauter Was-wäre-Wenns besteht. *Was wäre, wenn ich den Verkauf nicht abschließen kann? Was wäre, wenn wir den Bonus nicht bekommen? Was wäre, wenn wir uns die Zahnspangen für die Kinder nicht leisten können? Was wäre, wenn meine Kinder schiefe Zähne haben? Was wäre, wenn sie wegen ihrer schiefen Zähne weder Freunde, Karriere noch Partner haben? Was wäre, wenn sie irgendwann obdachlos und hungrig sind und mit einem Pappschild am Straßenrand stehen, auf dem steht: „Meine Eltern konnten sich meine Zahnspangen nicht leisten"?*

Sorge ist eine Beklemmung.

Sie ist ein Verdacht, eine Befürchtung. Leben mit kleinen Träumen und großen Bedenken. Fortwährend über die Planke eines Piratenschiffs gehen.

Der Himmel wird einstürzen und mit tödlicher Sicherheit auf Sie drauffallen.

Deshalb sind Sie besorgt. Ein frei schwebendes Gefühl der Angst wabert über Ihnen, ein Netz umgibt Ihr Herz, eine unklare Ahnung von dem, was geschehen könnte ... irgendwann in der Zukunft.

Sorge und Furcht sind Vettern, keine Zwillinge. Furcht sieht eine Bedrohung. Sorge stellt sich eine vor.

Furcht schreit: *Renn weg!*

Sorge grübelt: *Was wäre, wenn?*

Furcht mündet in Kampf oder Flucht. Sorge führt zu Schwarzmalerei. Furcht ist der Puls, der heftig schlägt, wenn Sie in Ihrem Vorgarten eine sich windende Schlange sehen. Sorge ist die Stimme, die Ihnen sagt: *Geh niemals barfuß durch das Gras, dein Leben lang nicht. Dort könnte eine Schlange sein ... irgendwo.*

Das englische Wort für „besorgt sein", *anxious*, erklärt sich von selbst. Es setzt sich aus *angst* und *xious* zusammen. Angst ist ein Gefühl des Unbehagens. *Xious* ist das Geräusch, das ich auf der zehnten Stufe einer Treppe von mir gebe, wenn mein Herz rast und ich kaum noch Luft bekomme. Man kann hören, wie ich ein- und ausatme, und das klingt verdächtig wie die zweite Silbe von *anxious*, weshalb ich mich frage, ob besorgte Menschen nicht einfach nur das sind: Menschen, die aufgrund von Lebensangst außer Atem sind.

Ein Hawaiianer erklärte mir einst den Ursprung des Begriffes, mit dem die Inselbewohner uns Nichthawaiianer beschreiben – *haole*. *Haole* ist ein hawaiianisches Wort, das „kein Atem" bedeutet. Der Begriff entstand, als die ersten europäischen Einwanderer in den 1820er-Jahren dorthin kamen.[1] Es gibt zwar verschiedene Herleitungen für diesen Begriff, doch mir gefällt die, von der er mir erzählte: „Unsere Vorfahren fanden, die Siedler hätten es immer eilig, Plantagen, Häfen und Farmen zu bauen. In den Augen der Hawaiianer schienen sie ständig außer Atem zu sein."

Sorge raubt uns den Atem, so viel ist sicher. Wenn das nur alles wäre, was sie uns raubt! Sie raubt uns auch unseren Schlaf. Unsere Energie. Unser Wohlbefinden. „Lass dich nicht von Zorn und Wut überwältigen", schrieb der Psalmist, „denn wenn du dich ereiferst, gerätst du schnell ins Unrecht" (Psalm 37,8). Und unser Nacken, Kiefer, Rücken und Darm werden die negativen Auswirkungen auch zu spüren bekommen. Sorge kann uns zu emotionalen Brezeln verknoten. Sie kann zu nervösem Augenzucken, erhöhtem Blutdruck, Kopfschmerzen und schweißnassen Achseln führen. Sorge kann durchaus die Ursache für die Hälfte aller Krankheiten sein, die in einem medizinischen Lehrbuch verzeichnet sind.

Sorge und Furcht sind Vettern, keine Zwillinge.

Mit Sorge ist nicht zu spaßen.

Aller Voraussicht nach haben Sie selbst oder jemand, den Sie kennen, mit der Sorge zu kämpfen. Laut einer Statistik der TU Dresden nehmen Angststörungen seuchenartige Ausmaße an. 2010 spürten gut 12,5 Millionen Deutsche die Auswirkungen von Panikattacken, Phobien und anderen Angststörungen.[2] Wir spüren eine Beklemmung in unserer Brust. Wir fühlen uns schwindelig und etwas benommen. Wir fürchten uns vor Menschenmengen und meiden andere Leute.

Angststörungen stehen in den Vereinigten Staaten „auf Platz 1 der psychischen Probleme bei … Frauen und nur auf Platz 2 hinter Alkohol- und Drogenmissbrauch bei Männern".[3] Fast fünfzig Millionen Amerikaner sind davon betroffen! „Die Vereinigten Staaten sind jetzt die besorgteste Nation der Welt."[4] (Glückwunsch uns allen!) Das Land der *Stars and Stripes* wurde zum

Land von Stress und Streit, eine ausgesprochen kostspielige „Leistung". „Durch Stress ausgelöste Erkrankungen kosten die Nation jährlich 300 Milliarden Dollar an Arztrechnungen und entgangener Produktivität, während die Einnahme von Beruhigungsmitteln weiterhin sprunghaft ansteigt; allein zwischen 1997 und 2004 haben Amerikaner ihre Ausgaben für Medikamente zur Angstbekämpfung wie Xanax und Valium mehr als verdoppelt – von 900 Millionen auf 2,1 Milliarden Dollar."[5] Das *Journal of the American Medical Association* zitiert eine Studie, die auf einen exponentiellen Anstieg von Depressionen hinweist. Dieser Studie zufolge war im 20. Jahrhundert die Wahrscheinlichkeit, dass Menschen an einer Depression erkrankten, dreimal größer als bei der vorangegangenen Generation.[6]

Wie kann das sein? Unsere Autos sind sicherer als je zuvor. Es gibt Bestimmungen für Nahrungsmittel und Wasser und Elektrizität. Obwohl noch immer Banden durch unsere Straßen streifen, laufen die meisten Amerikaner nicht Gefahr, Opfer eines Überfalls zu werden. Doch wenn Sorge eine olympische Disziplin wäre, würden wir die Goldmedaille gewinnen!

Ironischerweise erfreuen sich die Bürger weniger hoch entwickelter Nationen größerer innerer Ruhe. Ihr Angstniveau beträgt nur 20 Prozent von dem der Amerikaner, obwohl sie weniger von dem besitzen, was man zum Leben braucht. „Doch wenn die Bürger aus Ländern, in denen der Alltag weniger von Angst geprägt ist, in die Vereinigten Staaten einwandern, dann neigen sie dazu, ebenso ängstlich zu werden wie die Amerikaner. Also liegt es an unserer besonderen Lebensweise, dass wir weniger ruhig und gefasst sind."[7]

Unseren Kindern geht es ähnlich. Eine Studie, die unter mehr als 200 000 Studierenden durchgeführt wurde, ergab, „dass die allgemeine psychische Verfassung und die emotionale Stabilität der Erstsemester auf einem Tiefstand sind".[8] Der Psychologe Robert Leahy weist ebenfalls darauf hin: „Das durchschnittliche *Kind* zeigt heute dasselbe Angstniveau wie der durchschnittliche *Psychiatriepatient* in den 1950er-Jahren."[9] Kinder haben heutzutage mehr Spielzeug, mehr Kleidung und Möglichkeiten als frühere Generationen, doch wenn sie flügge werden, sind sie innerlich zum Zerreißen gespannt.

Wir sind nervös.

Warum? Was ist der Grund für unsere Sorge?

Da ist zum einen die Veränderung. Forscher nehmen an, dass sich die westliche „Umwelt und die soziale Ordnung in den vergangenen dreißig Jahren stärker verändert haben als in den dreihundert Jahren zuvor"![10] Denken Sie nur darüber nach, was sich alles verändert hat: Technik. Es gibt jetzt das Internet. Die Warnungen vor globaler Erwärmung, nuklearem Krieg und terroristischen Angriffen haben zugenommen. Veränderungen und neue Bedrohungen werden dank Smartphones, Fernsehapparaten und Computermonitoren alle paar Sekunden in unser Leben getragen. In der Generation unserer Großeltern erreichten Nachrichten von einem Erdbeben in Nepal die Welt erst einige Tage später. Zur Zeit unserer Eltern verkündeten bereits die Abendnachrichten die Katastrophe. Jetzt dauert es nur noch Minuten. Und kaum haben wir eine Krise verarbeitet, hören wir schon von der nächsten.

Darüber hinaus bewegen wir uns schneller als je zuvor. Unsere Vorfahren reisten so weit, wie ein Pferd sie bei Tageslicht tragen konnte. Und wir? Wir düsen durch Zeitzonen, als wären sie Autobahnen. Unsere Urgroßeltern mussten ihre Hirntätigkeit herunterfahren, wenn die Sonne unterging. Und wir? Wir schauen uns die Fernsehnachrichten an, fahren das Notebook hoch oder schalten die neueste Dschungelshow ein. Ich hatte jahrelang abends eine Verabredung mit den Zehn-Uhr-Nachrichten. Es gibt ja zum Einschlafen auch nichts Besseres als Mord- und Katastrophenmeldungen, die man frisch im Gedächtnis trägt.

Und was ist mit dem Ansturm von persönlichen Herausforderungen? Sie oder jemand, den Sie kennen, steht vor der Privatinsolvenz, kämpft gegen Krebs an, schlägt sich mit einer Scheidung herum oder ringt mit einer Sucht. Sie oder jemand, den Sie kennen, ist bankrott, pleite oder gibt das Geschäft auf.

Wir alle werden ohne Ausnahme älter. Und mit dem Alter kommt eine ganze Reihe von Veränderungen. Meine Frau hat ein Programm gefunden, das das Alter einer Person schätzt, indem es ein Bild vom Gesicht dieser Person auswertet. Es hat Denalyn fünfzehn Jahre jünger geschätzt. Das hat ihr gefallen. Mich hat es fünf Jahre älter geschätzt. Also habe ich es erneut probiert. Jetzt legte es sieben Jahre drauf. Dann zehn. Ich hörte auf, bevor es mich noch für tot erklärte.

Man sollte annehmen, wir Christen hätten keine Probleme mit der Sorge. Doch das ist nicht der Fall. Man hat uns weisgemacht, dass das Leben als Christ friedlich ist, und wenn wir keinen Frieden haben, dann ist das unsere eigene Schuld. Wir machen uns also nicht nur Sorgen, sondern fühlen uns wegen unserer Sorgen auch noch schuldig! Das führt wiederum in eine Abwärtsspirale von Sorge, Schuld, Sorge, Schuld.

Kein Wunder, dass die Menschen sich da Sorgen machen.

Kein Wunder, dass wir uns fragen, ob der Apostel Paulus den Bezug zur Realität verloren hatte, als er an die Gemeinde in Philippi schrieb: „Macht euch keine Sorgen!" (Philipper 4,6).

„Macht euch weniger Sorgen" wäre schon eine echte Herausforderung gewesen. Oder: „Sorgt euch nur an Donnerstagen." Oder: „Sorgt euch nur in Zeiten schwerer Bedrängnis." Aber Paulus scheint uns hier keinen Spielraum zu lassen. *Macht euch keine Sorgen.* Gar keine. Null. Zero. Hat er das gemeint? Nicht so ganz. Er verwendete hier eine Verbform, die auf einen andauernden Zustand hindeutet. Paulus bezog sich auf das Leben in *ständiger Sorge.* In der *Revidierten Fassung nach Lucado* heißt es an dieser Stelle: „Lasst euch durch nichts im Leben in ständige Atemlosigkeit und Angst versetzen." Dass wir uns mal Sorgen machen, ist unvermeidlich, doch im Gefängnis der Sorge zu sitzen ist etwas, wofür wir uns selbst entscheiden.

> Dass wir uns mal Sorgen machen, ist unvermeidlich, doch im Gefängnis der Sorge zu sitzen ist etwas, wofür wir uns selbst entscheiden.

Sich Sorgen zu machen ist keine Sünde; es ist ein Gefühl. (Also seien Sie nicht besorgt darüber, dass Sie besorgt sind.) Sorge kann jedoch zu sündigem Verhalten führen. Wenn wir unsere Ängste mit Sixpacks Bier oder Fressorgien betäuben, wenn wir vor Wut speien wie der Vesuv, wenn wir mit unseren Ängsten hausieren gehen, bis jemand sie uns abkauft, dann sündigen wir. Wenn Sorge Sie innerlich vergiftet und dazu bringt, Ihrem Ehegatten den Rücken zu kehren, Ihre Kinder zu vernachlässigen, Verträge oder Herzen zu brechen, dann nehmen Sie sich in Acht. Jesus sagte: „… lasst euch nicht von den Sorgen des täglichen Lebens gefangen nehmen. Sonst wird euer Herz abgestumpft" (Lukas 21,34; NGÜ). Ist Ihr Herz aufgrund all der Sorgen vielleicht schon abgestumpft?

Achten Sie auf die folgenden Anzeichen:

- Lachen Sie weniger als früher?
- Denken Sie gleich darüber nach, was schiefgehen könnte, wenn Ihnen jemand etwas verspricht?
- Würden diejenigen, die Sie am besten kennen, Sie als zunehmend negativ und kritisch beschreiben?
- Gehen Sie davon aus, dass bald etwas Schlimmes geschieht?
- Spielen Sie gute Nachrichten herunter, weil Sie eine ganz andere Sicht der Realität haben?
- Würden Sie an vielen Tagen lieber im Bett bleiben und nicht aufstehen?
- Übertreiben Sie negative Dinge und untertreiben die positiven?
- Würden Sie, wenn das möglich wäre, für den Rest Ihres Lebens jeglichen Umgang mit Menschen vermeiden?

Wenn Sie die meisten dieser Fragen mit Ja beantwortet haben, sollten Sie mal einen Freund von mir kennenlernen. Genauer gesagt: Es gibt da eine Bibelstelle, die Sie lesen sollten. Ich habe diese Worte schon so oft gelesen, dass wir gewissermaßen Freunde geworden sind. Und ich würde diesen Abschnitt auch für die Ruhmeshalle der Bibelstellen nominieren. An der Wand dieses Museums, an der die Worte des 23. Psalms, des Vaterunsers und von Johannes 3,16 eingerahmt hängen, sollte auch Philipper 4,4–8 vertreten sein:

> *Freut euch zu jeder Zeit, dass ihr zum Herrn gehört. Und noch einmal will ich es sagen: Freut euch! Alle Menschen sollen eure Güte und Freundlichkeit erfahren. Der Herr kommt bald! Macht euch keine Sorgen! Ihr dürft in jeder Lage zu*

Gott beten. Sagt ihm, was euch fehlt, und dankt ihm! Dann wird Gottes Friede, der all unser Verstehen übersteigt, eure Herzen und Gedanken bewahren, weil ihr mit Jesus Christus verbunden seid. Schließlich, meine lieben Brüder und Schwestern, orientiert euch an dem, was wahrhaftig, vorbildlich und gerecht, was redlich und liebenswert ist und einen guten Ruf hat. Beschäftigt euch mit den Dingen, die auch bei euren Mitmenschen als Tugend gelten und Lob verdienen.

Fünf Verse mit vier Ermahnungen, die zu einer wunderbaren Verheißung führen:

„Dann wird Gottes Friede, der all unser Verstehen übersteigt, eure Herzen und Gedanken bewahren" (Vers 7).

Reden Sie voll Freude von Gottes Güte. „Freut euch zu jeder Zeit, dass ihr zum Herrn gehört" (Vers 4).

Unterbreiten Sie Gott Ihre Probleme. „Sagt ihm, was euch fehlt" (Vers 6).

Geben Sie Ihre Sorgen her. „… und dankt ihm" (Vers 6).

Erinnern Sie sich an die guten Dinge. „Richtet eure Gedanken … auf alles, was Tugend heißt und Lob verdient" (Vers 8; GN).

Reden. Unterbreiten. Hergeben. Erinnern. R.U.H.E. Könnten Sie etwas Ruhe gebrauchen? Wenn ja, sind Sie damit nicht allein. Das *Kindle*-Buch, in dem am meisten Markierungen gemacht werden, ist die Bibel. Und Philipper 4,6–7 ist die am häufigsten markierte Stelle.[11] Offenbar könnten wir alle ein Wort des Trostes gebrauchen.

Und Gott ist bereit, es uns zuzusprechen.

Mit Gott als Ihrem Helfer werden Sie heute Nacht besser schlafen und morgen mehr lächeln. Sie werden Ihren Ängsten anders begegnen. Sie werden lernen, innerlich zur Ruhe zu kommen, schlechte Nachrichten durch die Brille Ihres souveränen Gottes zu betrachten, die Lügen Satans zu erkennen und sich selbst die Wahrheit zu sagen. Sie werden ein Leben entdecken, das von Ruhe geprägt ist, und Sie werden Werkzeuge entwickeln, um den Angriffen der Sorge entgegenzutreten.

Sich Sorgen zu machen ist keine Sünde; es ist ein Gefühl. (Also seien Sie nicht besorgt darüber, dass Sie besorgt sind.)

Das wird etwas Arbeit erfordern. Ich möchte bestimmt nicht den Eindruck erwecken, dass man die Sorge einfach mit aufmunternden Worten wegwischen kann. Vielmehr wird Gott einige durch eine Therapie und/oder Medikamente heilen. Falls das bei Ihnen der Fall sein sollte, dann denken Sie bitte auch nicht einen Moment lang, dass Sie ein Himmelsbürger zweiter Klasse wären. Bitten Sie Gott, Sie zu einem qualifizierten Berater oder Arzt zu führen, der die Behandlung anbietet, die Sie benötigen.

So viel ist sicher: Es ist nicht Gottes Wille, dass Sorgen Ihr ständiger Begleiter sind. Es ist nicht sein Wille, dass Sie jedem Tag mit Angst und Bangen entgegentreten. Er hat Sie zu mehr erschaffen als zu einem Leben mit erstickenden Angstgefühlen und hirnzermarternder Sorge. Er will ein neues Kapitel in Ihrem Leben aufschlagen. Und er ist bereit, es zu schreiben.

Es gibt eine Kindheitserinnerung, an der ich sehr hänge. Mein Vater liebte Maisbrot mit Buttermilch. Jeden Abend so gegen zehn Uhr schlenderte er in die Küche, um ein Stück Maisbrot in Stücke zu reißen und in ein Glas Buttermilch einzuweichen. Er stand immer in T-Shirt und Boxershorts am Küchentresen und trank es.

Danach machte er seine Runde, ging zur Vorder- und zur Hintertür, um zu prüfen, ob alles abgeschlossen war. Wenn alles in Ordnung war, ging er in das Zimmer, das ich mit meinem Bruder teilte, und sagte etwas wie: „Alles ist sicher, Jungs. Ihr könnt jetzt schlafen."

Ich neige nicht dazu zu glauben, dass Gott Maisbrot und Buttermilch liebt, doch ich glaube fest, dass er seine Kinder liebt. Er hat Ihre Welt im Blick. Er betrachtet Ihr Leben. Er muss die Türen nicht kontrollieren; vielmehr *ist* er die Tür. Ohne seine Erlaubnis wird nichts Ihren Weg kreuzen.

Hören Sie einmal genau hin, dann werden Sie ihn sagen hören: „Alles ist sicher. Du kannst dich jetzt ausruhen." Weil er alles in seiner Hand hat und weil er über allem wacht, brauchen Sie sich „um nichts Sorgen" zu machen und dürfen den „Frieden Gottes, der weit über alles Verstehen hinausreicht", entdecken (NGÜ).

Herr,
du hast zu den Stürmen auf dem Wasser gesprochen. Würdest du auch zu den Stürmen in unserem Leben sprechen? Du hast den Herzen der Apostel Ruhe geschenkt. Würdest du auch das Chaos in uns beruhigen? Du sagtest ihnen, sie sollen sich nicht fürchten. Sprich uns dasselbe zu. Die Sorgen haben uns die Kraft geraubt und uns zerschlagen und angesichts der Stürme des Lebens fühlen wir uns ganz klein. O Friedensfürst, schaffe in uns einen Geist der Ruhe.

*Wenn wir die Seiten in diesem Buch umblättern, wirst du
dann auch eine Seite in unserem Leben umblättern? Bring
die Sorge zum Schweigen. Schenk uns Mut. Lass uns weniger
Sorgen und mehr Vertrauen erfahren.*

Amen.

Es ist nicht Gottes Wille, dass Sorgen Ihr ständiger Begleiter sind. Es ist nicht sein Wille, dass Sie jedem Tag mit Angst und Bangen entgegentreten. Er hat Sie zu mehr erschaffen als zu einem Leben mit erstickenden Angstgefühlen und hirnzermarternder Sorge. Er will ein neues Kapitel in Ihrem Leben aufschlagen. Und er ist bereit, es zu schreiben.

TEIL 1

Reden Sie voll Freude von Gottes Güte

„Freut euch zu jeder Zeit,
dass ihr zum Herrn gehört."

KAPITEL 2

Freuen Sie sich darüber, dass Gott souverän ist

*Sie können die Welt nicht lenken,
doch Sie können sie Gott anvertrauen.*

In unserer Familie ging man gern zelten. Zu einem perfekten Urlaub gehörten für meinen Vater Berge, Bäche, Zelte und Schlafsäcke. Sollten doch andere die großen Städte bereisen oder die Vergnügungsparks besuchen. Die Familie Lucado ließ Micky Maus links liegen und fuhr in die Rockies.

Ich versuchte, diese Tradition in meiner eigenen Familie weiterzupflegen. Hat nicht geklappt. Unsere Vorstellung von einem einfachen Leben besteht darin, bei den Schwiegereltern zu übernachten. Wir lieben Lagerfeuer … solange jemand anderes für sie verantwortlich ist und Zimmerservice zur Verfügung steht. Ich bin, obwohl ich als Junge oft mit ihm gezeltet habe, eben nicht so abgehärtet wie mein Vater.

Und was er ebenso sehr liebte wie Campingreisen, waren Campingausrüstungen. Eines Tages, ich war damals ungefähr neun Jahre alt, kam er von einer Fahrt zu einem Armeeshop mit einem Zelt zurück, das in der Folge zu einem festen Bestandteil der Lucado-Familiengeschichten wurde.

Das Zelt war riesig. Es bot Raum für ein Dutzend Feldbetten. Wir konnten das Zelt über einem Picknicktisch aufstellen und hatten immer noch genügend Platz für die Schlafsäcke. Für ein großes Zelt braucht man natürlich stabile Zeltstangen. Bei diesem waren gleich zwei dabei. Verwechseln Sie aber diese Stangen nicht mit den schlanken, zusammensteckbaren Aluminiumversionen, die mit normal großen Campingzelten geliefert werden. Bloß nicht! Diese Stangen waren aus Gusseisen und so dick wie ein Unterarm. Diese Unterkunft war nicht extravagant. Es gab keine Eingänge, die mit einem Reißverschluss verschlossen wurden. Kein Moskitonetz. Kein Tarndesign. Dafür war es robust. Sollten doch die Winde blasen. Sollten doch die Sommerregen fallen. Sollte doch der Hagel trommeln. Sollte sich doch das Wetter ändern. Wir blieben, wo wir waren.

Einmal zelteten wir gemeinsam mit Vaters acht Geschwistern im Estes Park in Colorado. Der Himmel wurde plötzlich schwarz und es wurde stürmisch. Regen klatschte auf den Boden und die Kiefern bogen sich im Wind. Alle eilten zu ihren Zelten. Nur wenige Augenblicke später verließen alle ihre Zelte wieder und hasteten zu unserem. Es war immerhin das einzige mit zwei gusseisernen Stangen.

Ich denke, Sie und ich könnten ein paar dieser Stangen gut gebrauchen. Die Welt versteht sich darauf, grimmige Winde zusammenzubrauen. Und wer von uns hat noch nie Schutz vor den Elementen des Lebens gesucht?

Wenn unsere Stürme sich doch nur auf Wind und Regen beschränken würden. Doch unsere Stürme bestehen aus den großen S des Lebens: Schwierigkeiten, Scheidung, Siechtum und Sterben. Weiß jemand, wo man einen Unterschlupf findet, der diesen Stürmen gewachsen ist?

Der Apostel Paulus wusste es. Wenn jemand Grund zur Sorge hatte, dann er. Reisen Sie in Ihrer Fantasie einmal zweitausend Jahre in der Zeit zurück. Stellen Sie sich einen alten Mann vor, der aus dem vergitterten Fenster eines römischen Gefängnisses blickt.

Paulus ist ungefähr sechzig Jahre alt, seit dreißig Jahren Christ, und es gibt kaum einen Mittelmeerhafen, den er nicht kennt.

Sehen Sie, wie gekrümmt sein Rücken ist? Schuld daran sind die vielen Kilometer, die er auf seinen Reisen zurückgelegt hat, und die Schläge, die er ertragen musste. Er erhielt bei fünf verschiedenen Gelegenheiten jeweils neunundreißig Hiebe. Bei dreien wurde er mit Ruten geschlagen. Narben überziehen spinnwebartig seine Haut wie wulstige Adern. Einmal hat man ihn liegen gelassen, weil man ihn für tot hielt. Er wurde ins Gefängnis geworfen, von Freunden und Mitarbeitern verlassen, und er hat Schiffbrüche, Stürme und Hunger erlitten.

Wahrscheinlich ist er halb blind und muss die Augen zusammenkneifen, um etwas lesen zu können (nachzulesen in Galater 4,15). Außerdem wartet er auf seinen Prozess vor dem römischen Kaiser. Nero hat gelernt, sich bei den Bürgern Roms anzubiedern, indem er Gläubige ermordet, und Paulus ist nun einmal der bekannteste unter ihnen.

Als wäre der Druck vonseiten des Staates nicht genug, trägt Paulus zusätzlich die Last der noch jungen Gemeinden. Die Gemeindeglieder zanken. Falsche Prediger predigen aus Stolz und Neid (nachzulesen in Philipper 1,15–17).

So viel zum bequemen Leben eines Apostels.

Seine Zukunft ist ebenso düster wie seine Gefängniszelle.

Doch wenn man seine Worte liest, könnte man auf den Gedanken kommen, dass er eben erst in einem jamaikanischen Strandhotel eingetroffen ist. Sein Brief an die Gemeinde in Philippi beinhaltet kein Wort der Angst oder der Klage. Kein einziges! Nie droht er Gott mit der Faust; stattdessen dankt er Gott und ruft die Empfänger des Briefes auf, seinem Beispiel zu folgen.

„Freut euch zu jeder Zeit, dass ihr zum Herrn gehört. Und noch einmal will ich es sagen: Freut euch!" (Philipper 4,4). Paulus' Rezept gegen Sorge beginnt mit einem Aufruf zum Jubel.

Paulus zieht in diesem Vers alle Register, um unsere Aufmerksamkeit zu wecken. Zunächst verwendet er den Imperativ Präsens, damit seine Leser ihn sagen hören: Freut euch andauernd, gewohnheitsmäßig![1] Und als wäre die Verwendung dieser Zeitform noch nicht genug, lässt er auch noch das Verfallsdatum weg: „Freut euch *zu jeder Zeit*, dass ihr zum Herrn gehört" (Hervorhebung von mir). Und für den Fall, dass die Zeitform und das *zu jeder Zeit* noch nicht genügten, wiederholte er den Befehl: *„Und noch einmal will ich es sagen:* Freut euch!" (Hervorhebung von mir).

> Paulus' Rezept gegen Sorge beginnt mit einem Aufruf zum Jubel.

Aber wie kann ein Mensch diesem Befehl Folge leisten? Sich zu jeder Zeit freuen? Kann überhaupt jemand ununterbrochen einen Zustand der Freude aufrechterhalten? Nein. Aber dazu fordert Paulus auch gar nicht auf. Wir werden dazu aufgefordert: „Freut euch …, *dass ihr zum Herrn gehört.*" Dieser Vers ist ein Aufruf zu einer Entscheidung und nicht zu einem Gefühl. Er ruft zu einem tief verwurzelten Vertrauen darauf auf, dass Gott existiert, dass er die Kontrolle hat und dass er gut ist.

Der Apostel hält an diesem Glauben fest. In seiner Seele hat er gewissermaßen gusseiserne Stangen aufgerichtet, die ihm Halt geben. Soll Nero doch wüten. Sollen andere Prediger sich doch selbst anpreisen. Sollen die Stürme doch toben. Paulus' Glaubenszelt wird niemals einstürzen. Er hat es mit einem stabilen Glaubenssystem stabilisiert.

Wie stabil ist Ihr Glaubensleben?

Wenn Sie die Zelteingänge Ihrer Seele öffnen, werden Sie eine Reihe von Glaubensüberzeugungen finden, die Ihrem Leben wie Zeltstangen Halt geben. Diese Überzeugungen sind Ihre Antwort auf die grundlegenden Fragen des Lebens: *Hat jemand die Kontrolle über das Universum? Hat das Leben einen Sinn? Bin ich wertvoll? Ist dieses Leben schon alles?*

Ihre Glaubensüberzeugungen haben nichts mit Ihrer Hautfarbe, Ihrer äußeren Erscheinung, Ihren Begabungen oder Ihrem Alter zu tun. Ihre Glaubensüberzeugungen befassen sich nicht mit dem, was außerhalb des Zeltes ist, sondern mit dem, was sich darin befindet. Es ist die Summe der Überzeugungen (Stangen) – allesamt unsichtbar –, auf denen Ihr Glaube ruht. Wenn Ihr Glaubenssystem stark ist, werden Sie standhaft sein. Wenn es schwach ist, wird der Sturm siegen.

Glaube geht dem Verhalten immer voraus.

Glaube geht dem Verhalten immer voraus. Aus diesem Grund sprach der Apostel Paulus auch in jedem seiner Briefe die Glaubensüberzeugungen an, bevor er auf das richtige Handeln zu sprechen kam. Wenn man verändern will, wie jemand auf die Gegebenheiten des Lebens reagiert, muss man die Einstellung dieses Menschen zum Leben ändern. Das Wichtigste ist also Ihr Glaubenssystem.

Das von Paulus war so stark wie der Felsen von Gibraltar. Sehen Sie sich die Stangen im Zelt des Apostels genau an, und Sie werden feststellen, dass einer von ihnen die folgende Inschrift trägt: die Souveränität Gottes. „Souveränität" ist der Begriff, der in der Bibel gebraucht wird, um Gottes vollkommene Kontrolle und Verwaltung des Universums zu beschreiben. Er erhält und herrscht über jedes Element. Er ist fortwährend mit allen geschaffenen Dingen befasst und sorgt dafür, dass sie so wirken, dass dadurch sein göttliches Ziel erreicht wird.

Bei der Behandlung von Angstgefühlen ist das richtige Verständnis von Souveränität immens wichtig. Sorge ist oftmals die Folge von empfundenem Chaos. Wenn wir das Gefühl haben, dass wir die hilflosen Opfer von unsichtbaren, ungestümen, willkürlichen Kräften sind, machen wir uns Sorgen.

Psychologen haben untersucht, welche psychischen Auswirkungen Gefechte im Zweiten Weltkrieg auf Soldaten hatten. Sie kamen zu dem Ergebnis, dass die Bodentruppen nach sechzig Tagen andauernder Gefechte „emotional tot" waren. Dies ist nachvollziehbar. Die Soldaten waren einer ständigen Bedrohung durch Bombenangriffe, Maschinengewehrfeuer und feindliche Scharfschützen ausgesetzt. Dass sie unter Angstgefühlen litten, die schließlich zum Absterben ihrer Gefühle führten, war keine Überraschung.

Doch die Wissenschaftler stellten zu ihrer Überraschung fest, wie vergleichsweise ruhig Kampfpiloten waren. Deren Sterblichkeitsrate war eine der höchsten. 50 Prozent von ihnen kamen im Einsatz ums Leben, doch die Männer taten ihre Arbeit gern. Erstaunliche 93 Prozent von ihnen sagten, sie seien zufrieden mit ihren Einsätzen, obwohl die Überlebenschancen einem Münzwurf gleichkamen.[2]

Worin bestand der Unterschied? Diese Piloten hatten ihre Hände am Steuerknüppel. Sie saßen im Cockpit. Sie hatten den Eindruck, ihr Schicksal selbst bestimmen zu können.[3] Infanteristen dagegen verloren ihr Leben, ob sie nun stillstanden oder wegrannten. Sie fühlten sich verloren und hilflos. Die Formel ist einfach: Das (gefühlte) Maß der eigenen Kontrolle erzeugt Ruhe. Mangel an Kontrolle gebiert Furcht.

Man muss sich nicht im Krieg befinden, um diese Formel zu belegen. Ein Verkehrsstau genügt völlig. Eine Gruppe deutscher Wissenschaftler fand heraus, dass ein Stau Ihr Risiko verdreifacht, einen Herzinfarkt zu erleiden.[4] Das leuchtet ein. Ein Verkehrskollaps ist der ultimative Kontrollverlust. Wir wissen ja, wie man fährt, aber der Typ in der Spur neben uns nicht! Wir können die besten Fahrer der Geschichte sein, doch dieser Teenager vor uns, der während der Fahrt auf WhatsApp chattet, könnte unser Ende bedeuten. Da gibt es keine Vorhersagbarkeit, nur Stress. Je geringer wir unsere eigene Kontrolle einschätzen, desto größer die Sorge.

Je geringer wir unsere eigene Kontrolle einschätzen, desto größer die Sorge.

Was tun wir also?

Alles kontrollieren? Betreten Sie nie ein Flugzeug ohne Fallschirm. Gehen Sie nie ohne eigenes sauberes Besteck in ein Restaurant. Verlassen Sie das Haus nie ohne eine Gasmaske. Verschenken Sie nie Ihr Herz, es könnte ja gebrochen werden. Treten Sie der Sorge entgegen, indem Sie die Kontrolle übernehmen.

Wenn wir das nur könnten.

Doch die Sicherheit ist eine grausame Betrügerin. Man kann Millionen aufhäufen und sie doch in einer Wirtschaftskrise verlieren. Ein Gesundheitsfanatiker kann sich nur von Nüssen und Gemüse ernähren und doch Krebs bekommen. Ein Einsiedler kann alle menschlichen Kontakte meiden und doch mit Schlaflosigkeit zu kämpfen haben. Wir wollen Gewissheit, doch die einzige Gewissheit ist die, dass es keine Gewissheit gibt.

Das ist der Grund, warum die meisten total gestressten Menschen unter Kontrollzwang leiden. Sie versagen bei dem, worum sie sich am meisten bemühen. Je mehr sie die Welt zu kontrollieren versuchen, desto mehr erkennen sie, dass sie das nicht können. Das Leben wird zu einem Kreislauf aus Sorge und Versagen, Sorge, Versagen, Sorge, Versagen. Wir können nicht die Kontrolle erlangen, weil wir es einfach nicht in der Hand haben, in allem und jedem die Kontrolle auszuüben.

In der Bibel finden Sie einen besseren Vorschlag. Anstatt nach der absoluten Kontrolle zu streben, sollten Sie darauf verzichten. Sie können die Welt nicht lenken, doch Sie können sie Gott anvertrauen. Das ist die Botschaft hinter Paulus' Aufforderung: „Freut euch zu jeder Zeit, dass ihr zum Herrn gehört." Friede ist in greifbarer Nähe – aber nicht, weil es keine Probleme gäbe, sondern weil der souveräne Gott immer gegenwärtig ist. Versinken Sie nicht im Chaos dieser Welt, sondern freuen Sie sich darüber, dass Gott, der Herr, souverän ist. Genau das tat Paulus. „Ihr sollt wissen, dass meine Gefangenschaft die Ausbreitung der rettenden Botschaft nicht gehindert hat. Im Gegenteil! Allen meinen Bewachern und auch den übrigen Menschen, mit denen ich es hier zu tun habe, ist inzwischen klar geworden, dass ich nur deswegen eingesperrt bin, weil ich an Christus glaube" (Philipper 1,12–13).

> Versinken Sie nicht im Chaos dieser Welt, sondern freuen Sie sich darüber, dass Gott, der Herr, souverän ist.

Und was ist mit den Unruhestiftern in der Kirche? Mit den Menschen, die aus Neid und Missgunst gepredigt haben (Philipper 1,15)? Ihre selbstsüchtigen Motive waren der Souveränität Jesu nicht gewachsen. „Wichtig ist allein, dass die rettende Botschaft von Christus verbreitet wird; mag das nun mit Hintergedanken oder in ehrlicher Absicht geschehen. Wenn nur jeder erfährt, wer Jesus Christus ist! Darüber freue ich mich, und ich werde mich auch in Zukunft darüber freuen!" (Philipper 1,18).

Paulus vertraute fest darauf, dass „Gott [Jesus] erhöht und ihm den Namen gegeben [hat], der über allen Namen steht" (Philipper 2,9).

Die Bedingungen im Gefängnis mögen erbärmlich gewesen sein, doch einer hatte Paulus auch in dieser Situation in der Hand: „Gott allein, der beides in euch bewirkt: Er schenkt euch den Willen und die Kraft, ihn auch so auszuführen, wie es ihm gefällt" (Philipper 2,13).

Wenn man Paulus' Briefe liest, dann liest man die Worte eines Mannes, der tief in seinem Innersten an die ruhige Hand eines guten Gottes glaubte. Er wurde von Gottes Stärke beschützt, von Gottes Liebe bewahrt. Er lebte im Schatten von Gottes Flügel.

Sie auch?

Geben Sie Ihrer Seele Halt, indem Sie sich der Souveränität Gottes anvertrauen. Er herrscht über jedes Detail des Universums. „Die größte Weisheit, die tiefste Einsicht und die besten Pläne können nicht bestehen, wenn sie gegen den Herrn gerichtet sind" (Sprüche 21,30). „Die Bewohner dieser Erde sind nichts im Vergleich zu ihm. Alle Menschen, ja sogar die Mächte des Himmels müssen sich seinem Willen beugen! Niemand kann sich ihm widersetzen und ihn fragen: ‚Was tust du da?'" (Daniel 4,35). „Sein Wort ist die Kraft, die das Weltall zusammenhält" (Hebräer 1,3). Er kann „Fliegen von den entferntesten Flüssen Ägyptens und Bienen aus Assyrien herbeirufen" (Jesaja 7,18; NL). Er hat den Sternen ihren Namen gegeben und kennt auch die Sperlinge. Groß und klein, von der Volksbefreiungsarmee in China bis zu den Ameisenheeren im Garten hinter meinem Haus – alles untersteht seiner Kontrolle. „Wer kann etwas geschehen lassen, wenn der Herr es nicht befiehlt? Alles Glück haben wir ihm zu verdanken, und genauso kommt das Unglück aus seiner Hand" (Klagelieder 3,37–38).

Gottes Antwort auf schwierige Zeiten war immer schon dieselbe: Der Thron im Himmel ist nicht leer. Das war jedenfalls die Botschaft, die Gott dem Propheten Jesaja mitteilte. Im 8. Jahrhundert vor Christus genoss Juda dank der stabilen Herrschaft von König Usija eine Zeit relativen Friedens. Usija war alles andere als perfekt, doch er hielt die Feinde in Schach. Obwohl das Land von allen Seiten bedroht wurde, bewahrte die Herrschaft Usijas die zerbrechliche Gesellschaft zweiundfünfzig Jahre lang vor Angriffen.

Dann starb Usija. Jesaja, der während der Regierungszeit des Königs lebte, hatte nun reichlich Grund zur Sorge. Was würde mit dem Volk in Juda geschehen, nun da Usija tot war?

Oder in Ihrem Fall: Was wird geschehen, jetzt, wo Sie keine Arbeit mehr haben? Oder sich Ihr Gesundheitszustand verschlechtert hat? Oder sich die wirtschaftliche Lage drastisch verschlechtert hat? Hat Gott eine Botschaft an sein Volk, wenn die Katastrophe eintritt?

Er hatte durchaus eine Botschaft für Jesaja. Der Prophet schrieb:

Es war in dem Jahr, als König Usija starb. Da sah ich den
Herrn auf einem hohen, gewaltigen Thron sitzen. Der Saum
seines Gewandes füllte den ganzen Tempel aus. Er war um-
geben von mächtigen Engeln, den Serafen. Jeder von ihnen
hatte sechs Flügel. Mit zwei Flügeln bedeckten sie ihr Gesicht,
mit zweien ihren Leib, und zwei brauchten sie zum Fliegen.
Sie riefen einander zu: „Heilig, heilig, heilig ist der Herr, der
allmächtige Gott! Seine Herrlichkeit erfüllt die ganze Welt"
(Jesaja 6,1–3).

Usijas Thron war leer, aber Gottes Thron war es nicht. Usijas
Herrschaft war zu Ende, aber Gottes Herrschaft nicht. Usijas
Stimme war verstummt, aber Gottes Stimme war stark. Er war
und ist lebendig, er saß auf dem Thron und wird auch weiterhin
dort sitzen, er verdiente unsere nicht endende Anbetung und
wird sie auch weiterhin verdienen.

Gott nahm Jesaja seine Sorgen, aber nicht, *Geben Sie Ihrer Seele*
indem er das Problem beseitigte, sondern in- *Halt, indem Sie sich*
dem er ihm seine göttliche Macht und Gegen- *der Souveränität*
wart offenbarte. *Gottes anvertrauen.*

Betrachten Sie es einmal folgenderma- *Er herrscht über jeden*
ßen: Nehmen wir an, Ihr Vater ist der welt- *Teil des Universums.*
weit führende orthopädische Chirurg. Selbst
aus fernen Ländern reisen die Leute herbei, damit er sie behandelt. Er ersetzt regelmäßig beschädigte Gelenke durch intakte.
Mit demselben Selbstvertrauen, mit dem ein Mechaniker Zünd-
kerzen wechselt, entfernt und ersetzt Ihr Vater Hüft-, Knie- und
Schultergelenke.

Im Alter von zehn Jahren sind Sie noch ein bisschen zu jung,
um die Leistungen eines namhaften Chirurgen zu verstehen.

Doch Sie sind nicht zu jung, um die Treppe hinunterzufallen und sich den Knöchel zu verstauchen. Sie wälzen und winden sich auf dem Boden und rufen um Hilfe. Es sind nur noch wenige Wochen bis zu Ihrem ersten Tanzfest in der Schule. Da können Sie doch nicht an Krücken laufen! Nicht hinken. Sie brauchen einen gesunden Knöchel! Doch Ihrer ist weit davon entfernt, geheilt zu sein.

Da kommt Ihr Vater herein; er trägt noch seinen Kittel. Er zieht Ihnen Schuh und Socke aus und untersucht die Verletzung. Sie stöhnen, als Sie daran denken, dass Sie bestimmt eine tennisballgroße Schwellung haben. Und schon schlägt die jugendliche Sorge zu.

„Papa, ich werde nie wieder gehen können!"

„Doch, das wirst du."

„Niemand kann mir helfen!"

„Doch, ich."

„Niemand weiß, wie man das wieder heilen kann!"

„Doch, ich."

„Nein, das weißt du nicht!"

Ihr Vater hebt den Kopf und stellt Ihnen eine Frage: „Weißt du, womit ich mein Geld verdiene?"

Natürlich wissen Sie es nicht. Sie wissen, dass er jeden Tag ins Krankenhaus fährt. Sie wissen, dass die Leute ihn „Doktor" nennen. Ihre Mutter denkt, er sei klug. Doch Sie wissen nicht wirklich, was Ihr Vater macht.

Er legt einen Eisbeutel auf Ihren Knöchel und sagt dabei: „Dann ist es Zeit, dass du das erfährst." Am nächsten Tag wartet er nach dem Unterricht auf dem Schulparkplatz auf Sie. „Steig ein. Ich möchte dir zeigen, was ich den ganzen Tag tue", sagt er. Er fährt Sie zu seinem Büro im Krankenhaus und zeigt Ihnen all die Diplome, die dort an der Wand hängen. Daneben hängt eine Reihe von Auszeichnungen, auf denen Begriffe wie „Auszeichnung" und „Mit Ehren" stehen. Er reicht Ihnen ein Handbuch der orthopädischen Chirurgie, auf dem sein Name steht.

„Hast *du* das geschrieben?"

„Ja."

Sein Handy klingelt. Nach dem Anruf verkündet er: „Wir gehen jetzt in den OP." Sie desinfizieren sich die Hände und folgen ihm auf Ihren Krücken in den OP. Während der nächsten Minuten können Sie aus nächster Nähe beobachten, wie er einen Knöchel richtet. Er ist der Herr über den Operationssaal. Er zögert nie und fragt nie um Rat. Er macht es einfach.

Eine der Schwestern flüstert Ihnen zu: „Dein Papa ist der Beste."

Als Sie beide an diesem Abend nach Hause fahren, schauen Sie Ihren Vater an. Sie sehen ihn in einem anderen Licht. Wenn er eine orthopädische Operation durchführen kann, dann kann er wahrscheinlich auch einen geschwollenen Knöchel behandeln. Also fragen Sie ihn: „Meinst du, ich kann bis zum Tanzfest wieder gehen?"

Je besser Sie Ihren Vater kennen, desto kleiner wird Ihre Sorge.

„Ja, das kannst du."

Jetzt glauben Sie ihm. Je besser Sie Ihren Vater kennen, desto kleiner wird Ihre Sorge.

Und entsprechend denke ich: Unsere größten Ängste sind für Gott nur verstauchte Knöchel.

Und ich denke: Viele Menschen machen sich unnötig Sorgen darüber, dass sie eine Zeit lang hinken werden.

Wenn Sie sich das nächste Mal vor der Zukunft fürchten, dann richten Sie doch einmal Ihren Blick auf Gott, und freuen Sie sich darüber, dass er alles in seiner Hand hält. Freuen Sie sich über das, was er vollbracht hat. Freuen Sie sich darüber, dass er tun kann, was nicht in Ihrer Macht steht. Füllen Sie Ihr Denken mit Gedanken darüber, wer Gott ist:

Er ist der „Schöpfer selbst, dem Ehre gebührt in alle Ewigkeit" (Römer 1,25; NL).

„Jesus Christus ist und bleibt derselbe, gestern, heute und für immer" (Hebräer 13,8).

Gottes „Jahre haben kein Ende" (Psalm 102,28).

Er ist der König, der höchste Herrscher, der absolute Monarch und Herr über die Geschichte.

Ein Hochziehen der Augenbraue, und schon machen eine Million Engel kehrt und salutieren. Jeder Thron ist nur ein Schemel im Vergleich zu seinem Thron. Jede Krone wirkt neben seiner, als sei sie aus Pappmaschee. Er konsultiert keine Berater. Er braucht keinen Kongress. Er muss niemandem Rechenschaft ablegen. Er hat die Verantwortung.

Das Vertrauen auf Gottes Souveränität weist den Heiligen den schnellen Weg zum inneren Frieden. Andere sehen die Probleme dieser Welt und ringen die Hände. Wir sehen die Probleme dieser Welt und beugen unsere Knie.

Jeremia tat genau das:

Was Frieden und Glück ist, weiß ich nicht mehr. Du, Herr, hast mir alles genommen.

Darum sagte ich: „Meine Kraft ist geschwunden, und meine Hoffnung auf den Herrn ist dahin. Meine Not ist groß, ich habe keine Heimat mehr. Schon der Gedanke daran macht mich bitter und krank. Und doch muss ich ständig daran denken und bin vor lauter Grübeln am Boden zerstört" (Klagelieder 3,17–20).

Jeremia war während einer ihrer dunkelsten Zeiten Prophet für die Menschen in Juda, die wieder einmal gegen Gott rebellierten. Man nannte ihn auch den weinenden Propheten, weil er genau das tat: Er weinte über den Zustand des Volkes und über die Verdorbenheit ihres Glaubens. Er machte sich so viele Sorgen darüber, dass er ein Buch namens Klagelieder verfasste. Doch dann dachte er über das nach, was Gott getan hatte und noch tat. Er richtete seine Gedanken gezielt auf seinen himmlischen König. Achten Sie auf die Intentionalität seiner Worte:

Andere sehen die Probleme dieser Welt und ringen die Hände. Wir sehen die Probleme dieser Welt und beugen unsere Knie.

Aber eine Hoffnung bleibt mir noch, an ihr halte ich trotz allem fest: Die Güte des Herrn hat kein Ende, sein Erbarmen hört niemals auf, es ist jeden Morgen neu! Groß ist deine Treue, o Herr! Darum setze ich meine Hoffnung auf ihn, der Herr ist alles, was ich brauche. Denn der Herr ist gut zu dem, der ihm vertraut und ihn von ganzem Herzen sucht. Darum ist es das Beste, geduldig zu sein und auf die Hilfe des Herrn zu warten (Klagelieder 3,21–26).

Heben Sie Ihren Blick. Verlieren Sie sich nicht in Ihren Schwierigkeiten. Wagen Sie, daran zu glauben, dass Gutes geschehen wird. Wagen Sie, daran zu glauben, dass mit den Worten aus dem Römerbrief auch Sie gemeint sind: „Wer Gott liebt, dem dient alles, was geschieht, zum Guten" (Römer 8,28). Man kann nicht gleichzeitig von Gott und von Angst erfüllt sein. „Herr, du gibst Frieden dem, der sich fest an dich hält und dir allein vertraut" (Jesaja 26,3). Sind Sie beunruhigt, rastlos, schlaflos? Dann freuen

Sie sich darüber, dass Ihr Gott souverän ist. Tun Sie doch einmal Folgendes: Setzen Sie Ihre Befürchtungen nur eine Stunde lang Ihrer Anbetung aus. Sie werden merken, dass Ihre Sorgen dahinschmelzen wie Eis auf einem Gehweg im Juli.

Die Sorge weicht in dem Maß, in dem Ihr Vertrauen wächst.

Vor vielen Jahren verbrachte ich mit einem langjährigen Missionspiloten eine Woche im Landesinneren von Brasilien. Er flog auf seinem Rundkurs weit auseinanderliegende Städte in einer kleinen Maschine an, die schon beim leichtesten Windstoß außer Kontrolle zu geraten drohte. Da hatten ja die Brüder Wright einen zuverlässigeren Flieger!

Man kann nicht gleichzeitig von Gott und von Angst erfüllt sein.

Mir war gar nicht wohl dabei. Ständig dachte ich darüber nach, dass das Flugzeug im brasilianischen Dschungel abstürzen und ich von Piranhas aufgefressen oder von einer Anakonda verschlungen werden könnte. Ich rutschte ständig hin und her, sah nach unten und krallte mich an meinem Sitz fest. (Als ob das was helfen würde.) Dann hatte der Pilot genug von meinem Hin- und Hergerutsche. Er sah zu mir herüber und schrie, um den Flugzeuglärm zu übertönen: „Es wird nichts geschehen, womit ich nicht umgehen kann. Sie könnten auch einfach darauf vertrauen, dass ich das Flugzeug fliegen kann."

Sagt Gott dasselbe vielleicht zu Ihnen?

Nehmen Sie doch einmal die Stangen unter die Lupe, die Ihren Glauben stützen. Und stellen Sie sicher, dass in eine von ihnen „die Souveränität Gottes" eingeätzt ist.

KAPITEL 3

Freuen Sie sich darüber, dass Gott gnädig ist

Schuld treibt die Seele in den Wahnsinn.
Gnade schenkt ihr Ruhe.

Ich hatte einen schlimmen Kater, doch ich würde die Kopfschmerzen überleben.

Mir war schrecklich übel, doch ich wusste, die Übelkeit würde vorübergehen.

Die Strafe war heftig, doch ich hatte sie verdient.

Was ich nicht ertragen konnte, war die Schuld.

Mir war von Kindesbeinen an beigebracht worden, dass es falsch ist, Alkohol zu konsumieren. An unserem Familienstammbaum gab es einige Äste, die durch Alkoholismus beschädigt worden waren. Mein Vater sagte es ganz deutlich: Alkoholmissbrauch führt zu Schwierigkeiten, und Schwierigkeiten führen ins Elend. Er nahm mich regelmäßig in Rehaeinrichtungen mit, um seine

Geschwister zu besuchen; das sollte ihnen und auch mir weiterhelfen. Der Kampf mit der Flasche hatte sie ihre Ehe, ihre Arbeitsstelle und ihre Gesundheit gekostet. Er ermahnte mich, aus ihren Fehlern zu lernen. Mehr als einmal versprach ich, dass ich mich niemals betrinken würde.

Warum habe ich es dann getan? Warum haben sich mein Kumpel und ich im Alter von 16 Jahren so gründlich betrunken, dass keiner von uns mehr Auto fahren konnte? Warum bin ich dann überhaupt gefahren? Warum trank ich so viel, dass ich nicht mehr klar denken konnte und sich mir der Magen umdrehte, als ich zu Bett ging? Warum betrank ich mich bis zum Erbrechen, sodass ich nicht mehr stehen konnte?

Dachte ich wirklich, mein Vater würde nicht mitbekommen, wie ich mich übergab? (Er bekam es mit.) Dachte ich, er würde meiner Ausrede Glauben schenken, dass es am mexikanischen Essen gelegen hatte? (Er glaubte sie nicht.) Als ich am nächsten Morgen aufwachte, hatte ich einen pochenden Schädel, einen zornigen Vater und eben das: ein schlechtes Gewissen.

Es gibt eine Art von Schuld, die wie ein Betonklotz in der Seele sitzt und einen Menschen dazu bringt, sich dafür zu schämen, dass er am Leben ist. Es gibt eine Art von Schuld, die uns einredet: *Ich habe etwas Schlechtes getan.* Und dann gibt es eine andere, die uns folgern lässt: *Ich bin schlecht.* Und genau diese tiefe, dunkle Schuld empfand ich. Ich stand plötzlich einer Version von mir selbst gegenüber, die mir völlig fremd war.

Vielleicht gibt es jemanden auf diesem Planeten, der noch nie in diesem Sumpf der Reue festgesteckt hat, doch ich habe diesen Menschen nie getroffen. Was hat Sie dort hineingezogen? Ein One-Night-Stand? Prügeleien auf dem Schulhof? Haben Sie etwas eingesteckt, das nicht Ihnen gehörte? Oder vielleicht sind

Ihre Schuldgefühle nicht das Ergebnis einer einzelnen Entscheidung, sondern das von vielen. Sie haben als Vater oder Mutter versagt. Sie haben sich im Beruf einen groben Schnitzer geleistet. Sie haben Ihre Jugend oder Ihr Geld verschwendet. Und das Resultat? Schuld.

Und die schwerwiegende Folge dieser Schuld? Sorgen.

Überrascht? Listet man all die Dinge auf, die uns Sorgen bereiten, findet man darunter in aller Regel volle Terminkalender, unrealistische Anforderungen oder dichten Verkehr. Doch hinter dem gehetzten Ausdruck auf dem Gesicht der Menschen steht nur allzu oft unbewältigtes Bedauern.

Hinter dem gehetzten Ausdruck auf dem Gesicht der Menschen steht nur allzu oft unbewältigtes Bedauern.

Tatsächlich kann auch das erste Auftreten von Sorge in der Menschheitsgeschichte auf Schuld zurückgeführt werden: „Am Abend, als ein frischer Wind aufkam, hörten [Adam und Eva], wie Gott, der Herr, im Garten umherging. Ängstlich versteckten sie sich vor ihm hinter den Bäumen" (1. Mose 3,8).

Was war geschehen? Bis zu diesem Zeitpunkt gab es keinen Hinweis darauf, dass sie irgendeine Angst oder Beklommenheit empfanden. Sie hatten sich nie vor Gott versteckt. Tatsächlich hatten sie auch nichts zu verbergen. „Der Mann und die Frau waren nackt, sie schämten sich aber nicht" (1. Mose 2,25).

Doch dann kamen die Schlange und die verbotene Frucht. Das erste Paar sagte Ja zur Versuchung durch die Schlange und Nein zu Gott. Und als sie das taten, fiel ihre Welt in sich zusammen wie ein Kartenhaus. Sie hasteten in die Büsche und versteckten sich, weil sie eine Mischung aus Scham und Schrecken empfanden. Da sie getan hatten, was sie nicht tun sollten, versuchten sie hektisch, dies zu verbergen.

Achten Sie einmal auf die Reihenfolge: Zuerst kam die Schuld. Im Schlepptau der Schuld kam dann die Sorge. Die Schuld saß gewissermaßen am Steuer des Lasters, aber die Sorge tummelte sich auf der Ladefläche. Adam und Eva wussten nicht, wie sie mit ihrem Versagen umgehen sollten. Genauso wenig wie wir. Doch wir versuchen es weiterhin. Wir schlagen uns zwar nicht in die Büsche, aber wir haben ausgeklügeltere Methoden entwickelt, um mit unserer Schuld fertigzuwerden. Wir…

… *betäuben sie.* Mit einer Flasche Grey Goose. Mit einer Stunde Internetpornografie. Mit einem Joint, einem Schäferstündchen im Hotel. Die Schuld verschwindet beim Feierabendbier, nicht wahr? Komisch, dass sie wieder auftaucht, wenn wir wieder nüchtern sind.

… *leugnen sie.* Tun so, als wären wir nie gestrauchelt. Hecken einen Plan aus, um den Fehltritt zu vertuschen. Eine Lüge führt zur anderen. Wir passen die zweite Geschichte an, damit sie zur ersten passt. Doch es dauert nicht lange, und unsere spontane Reaktion auf jede Frage ist: Wie kann ich die Täuschung aufrechterhalten?

… *spielen sie herunter.* Wir haben nicht gesündigt, wir haben uns bloß verirrt. Wir haben nicht gesündigt, wir sind nur in eine Situation hineingeraten. Wir haben nicht gesündigt, wir haben bloß den falschen Weg eingeschlagen. Es war nur ein Ausrutscher.

… *begraben sie.* Ersticken die Schuld unter einem Haufen Arbeit und einem vollen Terminkalender. Je mehr wir um die Ohren haben, desto weniger Zeit verbringen wir mit dem Menschen, den wir am wenigsten mögen: uns selbst.

… *bestrafen uns.* Wir ritzen uns. Verletzen uns. Schlagen uns. Geißeln uns. Wenn nicht mit Peitschen, dann mit Regeln. Mehr

Regeln. Lange Listen mit zu erledigenden Aufgaben und einzuhaltenden Vorschriften. Schmerzhafte Buße. Bete mehr! Lies mehr in der Bibel! Spende mehr! Steh früher auf, geh später zu Bett.

... vermeiden, dass die Sprache darauf kommt. Wir sorgen dafür, dass das Gespräch nicht darauf kommt. Erzählen nicht der Familie, dem Pastor, dem Kumpel davon. Wir bemühen uns darum, dass alle Beziehungen schön oberflächlich und das Loch-Ness-Monster namens Schuld in der Tiefe bleiben.

... reagieren sie an anderen ab. Wir verprügeln die Kinder. Lassen unsere Schuldgefühle an unserem Ehepartner aus. Schreien unsere Angestellten oder den Autofahrer auf der Nebenspur an.

... machen sie wett. Wir beschließen, niemals wieder einen Fehler zu begehen. Wir gründen die perfekte Familie. Machen die perfekte Karriere. Erzielen perfekte Noten. Sind der perfekte Christ. Alles muss perfekt sein: die Frisur, das Auto, der Klang der Stimme. Wir versuchen, alles unter Kontrolle zu behalten, und sind absolut intolerant gegenüber Ausrutschern oder Versagen bei uns selbst oder anderen.

... identifizieren uns damit. Wir haben uns nicht besoffen; wir sind Säufer. Wir haben nicht versagt; wir sind Versager. Wir haben nicht einfach etwas Schlechtes getan; wir sind schlecht. Durch und durch schlecht. Wir könnten sogar stolz darauf sein, wie schlecht wir sind. Es ist nur eine Frage der Zeit, bis wir wieder etwas Schlechtes tun.

Adam und Eva versteckten sich hinter Blättern, Büschen und Lügen. Viel hat sich seitdem nicht verändert.

Kommen wir wieder zu der Geschichte des 16-jährigen Max zurück und stellen uns den Jugendlichen vor, wie er gleichsam im Schweinestall des verlorenen Sohns aufwacht. Nehmen wir an, er entschließt sich, seine Schamgefühle mithilfe einer der oben angeführten Methoden oder einer Kombination daraus zu bekämpfen. Vielleicht spielt er den Vorfall herunter oder leugnet ihn. Vielleicht entscheidet er sich für den Weg gnadenloser Selbstbestrafung. Er könnte seine Reue auch mit noch mehr Schnaps betäuben.

Was wird mit Max geschehen, wenn er nie entdeckt, wie man auf gesunde Weise mit Fehlern umgehen kann? Zu welcher Art von Mensch wird man, wenn man die eigene Schuld nie bewältigt? Zu der Art von Mensch, die sich chronisch Sorgen macht, die ständig wegrennt, abstreitet, vortäuscht, sich versteckt. Wie ein Mann einmal eingestand: „Ich lebte immer eine Lüge, weil ich Angst hatte, jemand könnte mich so sehen, wie ich wirklich war, und schlechter von mir denken, mit mir nicht einverstanden sein, mich zurückweisen oder über mich urteilen. Also versteckte ich mich hinter meinem Feigenbaum aus Kompetenz und Wissen und Übergeistlichkeit und einer ganzen Reihe anderer Dinge. Diese Lüge zu leben war anstrengend und sorgte dafür, dass ich mir ständig Sorgen machte."[1]

Unbewältigte Schuld macht aus Ihnen einen elenden, erschöpften, zornigen, völlig gestressten, mürrischen, verwirrten Menschen. In einem Psalm, den König David wahrscheinlich nach seiner Affäre mit Batseba schrieb, sagte er:

Erst wollte ich meine Schuld verheimlichen. Doch davon wurde ich so schwach und elend, dass ich nur noch stöhnen konnte. Tag und Nacht bedrückte mich deine strafende Hand, meine Lebenskraft vertrocknete wie Wasser in der Sommerhitze (Psalm 32,3–4).

Schuld saugt unserer Seele das Leben aus.

Gnade gibt es uns wieder zurück.

Der Apostel Paulus klammerte sich an diese Gnade. Im selben Maß, wie er an Gottes Souveränität glaubte, vertraute er auf Gottes Gnade.

Niemand hatte mehr Grund dazu, die Last der Schuld zu spüren, als Paulus. Er hatte dafür gesorgt, dass Christen sterben mussten. Er war die antike Version eines Terroristen, der Gläubige gefangen nahm und dann ihr Blut vergoss.

„Saulus aber setzte alles daran, die Gemeinde auszurotten. Er ließ die Häuser durchsuchen, Männer und Frauen fortschleppen und ins Gefängnis werfen" (Apostelgeschichte 8,3).

Schuld saugt unserer Seele das Leben aus. Gnade gibt es uns wieder zurück.

Außerdem war er durch und durch gesetzlich. Bevor er Jesus kennenlernte, hatte Paulus sein Leben damit verbracht, sich selbst zu retten. In seinen Augen hing seine Erlösung von seiner Vollkommenheit, seiner Leistung ab.

Ich selbst könnte mich mit größerem Recht als manch anderer auf diese Vorzüge berufen, wenn es wirklich darauf ankäme: Ich wurde am achten Tag nach meiner Geburt beschnitten, wie es das Gesetz vorschreibt. Ich stamme aus dem Volk Israel und sogar aus dem Stamm Benjamin. Von Geburt an bin ich Hebräer wie schon alle meine Vorfahren. Außerdem gehörte ich zu den Pharisäern, der Gruppe, die am strengsten darauf achtet, dass Gottes Gesetz eingehalten wird. Ich setzte mich mit großem Eifer für Gott ein und verfolgte deshalb sogar die christliche Gemeinde. Die Regeln des Gesetzes erfüllte ich bis in alle Einzelheiten, sodass niemand mir etwas vorwerfen konnte (Philipper 3,4–6).

Paulus hatte Blut an seinen Händen und theologische Diplome an seiner Wand.

Doch dann kam dieser Augenblick auf der Straße nach Damaskus. Jesus erschien. Und sobald Paulus Jesus sah, konnte er überhaupt nicht mehr sehen: Er konnte in seinem Lebenslauf nichts mehr sehen, das von Bedeutung war. Er konnte in seinen Verdiensten keinen Verdienst oder in seinen guten Werken keinen Wert mehr sehen. Er konnte nicht länger sehen, warum er Grund haben sollte, sich für irgendetwas zu rühmen, das er getan hatte. Und er konnte keine andere Möglichkeit mehr sehen, als für den Rest seines Lebens weniger über sich und mehr über Jesus zu reden.

Er wurde zum großen Dichter der Gnade. „Aber seit ich Christus kenne, ist für mich alles wertlos, was ich früher für so wichtig gehalten habe" (Philipper 3,7).

Im Austausch für die Selbsterlösung gab Gott Paulus Gerechtigkeit. „Deshalb versuche ich jetzt nicht mehr, durch meine eigene Leistung und durch das genaue Befolgen des Gesetzes vor Gott zu bestehen. Was zählt, ist, dass ich durch den Glauben an Christus von Gott angenommen werde. Darauf will ich vertrauen" (Philipper 3,9).

Paulus gab seine Schuld an Jesus ab. Punkt. Er betäubte sie nicht oder versteckte sich hinter etwas, versuchte sie auch nicht durch fehlerloses Verhalten auszugleichen oder sich selbst dafür zu bestrafen. Er gab sie einfach bei Jesus ab. Deshalb konnte er auch später schreiben: „... ich weiß genau: Noch bin ich nicht am Ziel angekommen. Aber eins steht fest: Ich will vergessen, was hinter mir liegt, und schaue nur noch auf das Ziel vor mir. Mit aller Kraft laufe ich darauf zu, um den Siegespreis zu gewinnen, das Leben in Gottes Herrlichkeit. Denn dazu hat uns Gott durch Jesus Christus berufen" (Philipper 3,13–14).

Was würde der Apostel einem Jugendlichen sagen, der Schuldgefühle hat? Ganz einfach: „Freue dich darüber, dass Gott gnädig ist. Vertraue darauf, dass er dir vergeben will. Versuche nicht länger, dich zu rechtfertigen oder selbst zu retten. Verstecke dich nicht länger hinter irgendwelchen Büschen. Verlass dich völlig auf die Gnade Christi und nur auf Christus."

Ein fröhlicher Christ ist jemand, der sich gleichzeitig der Schwere der Sünde und der unermesslichen Größe der Gnade bewusst ist. Dabei wird weder die Sünde heruntergespielt noch Gottes Fähigkeit, sie zu vergeben. Wer Jesus nachfolgt, denkt über Gnade nach, nicht über Schuld. Auf diese Weise findet seine Seele Ruhe.

Gottes Gnade ist der fruchtbare Boden, aus dem die Tapferkeit sprosst. Wie Paulus an Titus schrieb: „Denn die Gnade Gottes, die allen Menschen Rettung bringt, ist sichtbar geworden ... Dies alles sollst du lehren. Ermutige die Menschen ..." (Titus 2,11.15; NL).

Ich kann die Kraft dieser Gnade bezeugen. Ich könnte Sie in die Stadt führen, zu der Kirche in dieser Stadt, zu der Stuhlreihe in dem Gottesdienstraum. Ich könnte vielleicht sogar genau den Platz finden, auf dem ich saß, als diese Gnade mich fand. Ich war ein 20-jähriger Student. Vier Jahre lang hatte ich mit dem Betonblock der Schuld gelebt, nicht nur wegen dieser ersten Nacht der Trunkenheit, sondern auch wegen hundert weiteren wie dieser. Die Schuld hatte mein Leben ins Chaos gestürzt und ich steuerte auf ein ausgesprochen elendes Leben zu. Doch dann tat ein Prediger etwas für mich, das ich gerade für Sie zu tun versuche: Er beschrieb die göttliche Gnade, die größer ist als jede Sünde. Als er am Ende der Predigt fragte, ob jemand nach vorne kommen und diese Gnade erhalten wolle, hätten mich selbst eiserne

---

*Ein fröhlicher Christ ist
jemand, der sich gleichzeitig
der Schwere der Sünde und
der unermesslichen Größe
der Gnade bewusst ist.
Dabei wird weder die Sünde
heruntergespielt noch Gottes
Fähigkeit, sie zu vergeben.*

Ketten nicht zurückhalten können. Um bei der Wahrheit zu bleiben: Mich hielten Ketten zurück. Doch die Gnade zerriss die Ketten der Schuld und befreite mich. Ich kenne diese Wahrheit aus erster Hand: Schuld treibt die Seele in den Wahnsinn; Gnade schenkt ihr Ruhe.

Vierzig Jahre sind seither vergangen. Natürlich habe ich mir in all der Zeit auch über die unterschiedlichsten Dinge Sorgen gemacht. Aber keine dieser Sorgen war das Ergebnis von Schuldgefühlen. Nicht eine. Ein großer Sünder zu sein hat einen Vorteil: Man darf sich auf eine große Gnade verlassen. Ich fand eine Vergebung, die zu tief ist, um sie auszuloten, zu hoch, um ihren Gipfel zu erreichen. Ich war niemals mehr oder weniger erlöst als in dem Augenblick, in dem ich zum ersten Mal erlöst wurde. Keine einzige schlechte Tat hat meine Erlösung beeinträchtigt. Keine gute Tat, wenn es überhaupt eine gibt, hat sie vergrößert. Meine Erlösung hängt nicht von dem ab, was ich tue, sondern ausnahmslos von dem, was Jesus am Kreuz für mich getan hat.

Haben Sie schon die Bekanntschaft dieser Gnade gemacht? Wenn nicht, sind wir vielleicht gerade auf eine der Ursachen für Ihre Sorgen gestoßen. Sie dachten, das Problem sei Ihr Terminkalender, Ihre Ehe, Ihr Beruf. In Wirklichkeit ist es diese unbewältigte Schuld.

Baden Sie nicht darin. Ertrinken Sie nicht im Meer der Selbstverdammnis. Es gibt einen Grund, warum die Windschutzscheibe größer ist als der Rückspiegel: Ihre Zukunft zählt mehr als Ihre Vergangenheit. Gottes Gnade ist größer als Ihre Sünde. Was Sie getan haben, war nicht gut. Aber Ihr Gott *ist* gut. Und

> Meine Erlösung hängt nicht mit dem zusammen, was ich tue, sondern ausnahmslos mit dem, was Jesus am Kreuz für mich getan hat.

er wird Ihnen vergeben. Er ist bereit, in Ihrem Leben ein neues Kapitel aufzuschlagen. Um es mit Paulus zu sagen: „Ich will vergessen, was hinter mir liegt, und schaue nur noch auf das Ziel vor mir. Mit aller Kraft laufe ich darauf zu, um den Siegespreis zu gewinnen, das Leben in Gottes Herrlichkeit" (Philipper 3,13–14).

Neulich aßen Denalyn und ich in einem Restaurant hier bei uns im Ort zu Abend. Fast gleichzeitig mit der Rechnung erhielten wir Besuch von einem Mitglied unserer Gemeinde. Er hatte uns gesehen und kam herüber, um Hallo zu sagen. Wir unterhielten uns kurz, dann streckte er seine Hand aus, nahm unsere Rechnung und sagte: „Ich kümmere mich darum." (Was für ein frommer Mann.)

Raten Sie mal, was ich tat, als er die Rechnung nahm. Ich ließ ihn gewähren! Ich bestellte sogar noch Nachtisch. (Nein, nicht wirklich.) Ich ließ ihn nur tun, was er tun wollte: Ich ließ zu, dass er sie nahm.

Eines Tages werden wir vor Gott stehen. Wir alle werden dort sein. Wir alle werden über unser Leben Rechenschaft ablegen müssen. Jeder Gedanke, jede Tat. Wüsste ich nicht, dass unser Gott ein gnädiger Gott ist, wäre das für mich ein schrecklicher Gedanke.

Doch in der Bibel steht, dass Jesus „die Sünde der Menschen wegnimmt" (Johannes 1,29). An dem Tag, an dem ich vor den Richterstuhl Gottes trete, werde ich auf Jesus Christus zeigen. Wenn Gott die Liste meiner Sünden hervorholt, werde ich auf Jesus deuten und sagen: „Er hat sich darum gekümmert."

Lassen Sie zu, dass er sich auch um Ihre kümmert.

Henri Nouwen erzählt in einem seiner Bücher von einer Lektion in Sachen Vertrauen, die er von einer Artistenfamilie gelernt hat, die als die *Flying Rodleighs* bekannt sind. Nachdem er Zeuge gewesen war, wie sie mit eleganter Gelassenheit durch die Luft geflogen waren, plauderte er eine Weile mit ihnen. Als er einen der Artisten nach seinem Geheimnis fragte, gab der Akrobat folgende Antwort:

Das Geheimnis besteht darin, dass der Flieger nichts tut und der Fänger alles. Wenn ich auf Joe zufliege [meinen Fänger], *muss ich nur meine Arme und Hände ausstrecken und darauf warten, dass er mich fängt und mich sicher zur Rampe schwingt ...*

Das Schlimmste, was der Flieger tun kann, ist, zu versuchen, den Fänger zu fangen. Es ist nicht meine Aufgabe, Joe zu fangen. Es ist Joes Aufgabe, mich zu fangen. Wenn ich nach Joes Handgelenken greifen würde, bestünde die Gefahr, dass sie brechen, oder er könnte meine brechen, und das wäre unser beider Ende. Ein Flieger muss fliegen, und ein Fänger muss fangen, und der Flieger muss mit ausgestreckten Armen darauf vertrauen, dass der Fänger für ihn da sein wird.[2]

Im großen Trapezakt der Erlösung ist Gott der Fänger und wir sind die Flieger. Wir müssen nur eines tun: vertrauen. Punkt. Wir vertrauen ausschließlich auf Gottes Fähigkeit, uns aufzufangen. Während wir das tun, geschieht etwas Wundervolles: Wir fliegen.

Ihr Vater hat noch nie jemanden fallen lassen. Und er wird auch Sie nicht fallen lassen. Sein Griff ist fest, und seine Hände sind immer geöffnet, um Sie zu ergreifen. So verkündet es der Apostel: „Auch in Zukunft wird mich der Herr vor allen bösen Angriffen schützen, bis

Im großen Trapezakt der Erlösung ist Gott der Fänger und wir sind die Flieger. Wir müssen nur eines tun: vertrauen. Punkt.

er mich in sein himmlisches Reich aufnimmt. Ihm gebühren Lob und Ehre in alle Ewigkeit. Amen" (2. Timotheus 4,18).

Vertrauen Sie sich vollständig seiner Fürsorge an. Dann werden Sie merken, dass es möglich – ja, möglich! – ist, sich um nichts zu sorgen.

Es gibt einen Grund, warum
die Windschutzscheibe größer
ist als der Rückspiegel: Ihre
Zukunft zählt mehr als Ihre
Vergangenheit.

KAPITEL 4

Freuen Sie sich zu jeder Zeit darüber, dass Sie zu Gott gehören

Gott gebraucht alles, um zu erreichen, was er sich vorgenommen hat.

Legen Sie einen Finger an Ihre Schläfen und beten Sie: Danke, Herr, für meine Amygdala. Danke, Herr, für diesen Mandelkernkomplex da in meinem Gehirn. Ohne ihn wäre ich nicht am Leben.

Sie natürlich auch nicht. Dank Ihrer Amygdala suchen Sie Schutz, wenn ein Bär Sie anknurrt, Sie gehen zurück auf den Bordstein, wenn das Auto hupt, und Sie ziehen den Kopf ein, wenn ein Ball in Ihre Richtung fliegt.

Ihre Amygdala arbeitet wie ein Alarmsystem. Wenn ein Eindringling eine Scheibe einschlägt oder die Tür zu Ihrem Haus aufbricht, warnt Sie Ihre Alarmanlage. Klingeln, Sirenen, Hupen, Lichter! Steh auf, geh da raus und bring dich in Sicherheit! Das System alarmiert Sie schon, bevor Ihr Verstand weiß, was los ist.

Die Amygdala macht dasselbe. Wir denken nicht bewusst: *Da kommt ein Auto. Ich bin ihm im Weg. Das Auto ist groß, ich bin klein. Das Auto ist schnell, ich bin langsam. Ich gehe wohl lieber von der Straße.* Die Amygdala löst eine Reaktion aus, bevor wir wissen, dass eine nötig ist. Und wenn die Amygdala befiehlt, dann reagiert der Rest des Körpers. Unsere Pupillen erweitern sich und verbessern so unsere Sicht. Wir atmen schneller und pumpen so mehr Sauerstoff in die Lungen. Unsere Pulsfrequenz geht hoch und sorgt dafür, dass das Blut schneller durch den Körper fließt. Adrenalin verwandelt uns in einen Herkules. Wir sind schneller, stärker, können der Gefahr besser entkommen oder uns hindurchkämpfen. Oberflächliche Blutgefäße ziehen sich zusammen und vermindern so verletzungsbedingten Blutverlust in den Augenblicken nach dem Unfall. Selbst das Verdauungssystem reagiert, manchmal in peinlicher Weise, indem es die unnötige Last abwirft, die wir beim letzten Essen eingeladen hatten. Wir sind zu Kampf oder Flucht bereit, wir sind plötzlich schneller, stärker und aufmerksamer.[1]

Wir finden unsere Amygdala richtig gut.

Außer, wenn sie überempfindlich ist. Wir wollen nicht, dass die Alarmanlage unseres Hauses gleich bei jedem Windstoß oder Hundegebell losgeht. So etwas wollen wir einfach nicht in unseren Wohnungen haben. Und in unseren Köpfen auch nicht.

Ständige Sorge ist wie eine Amygdala, die unablässig auf Hochtouren läuft. Sie entdeckt

Ständige Sorge ist wie eine Amygdala, die unablässig auf Hochtouren läuft.

ein Mal auf Ihrer Haut und denkt: Krebs. Sie sieht, dass sich die wirtschaftliche Lage verschlechtert, und denkt: Wirtschaftskrise. Sie hört, dass Ihre Teens herumjammern, und schließt daraus: *Die werden von Drogen abhängig sein, noch bevor sie das Haus verlassen.* Ständige Sorge ist das Alarmsystem Ihres Geistes, das niemals ganz ausgeschaltet ist.

Sorge, die zeitlich begrenzt ist, kann durchaus hilfreich sein. Wir müssen bei Gefahr alarmiert werden. Was wir aber nicht brauchen, ist ein Leben in ständiger höchster Alarmbereitschaft.

Und zwar aus folgendem Grund: Gott hat unsere Gehirne so erschaffen, dass sie sich selbst mit natürlichen „Stimmungsaufhellern" und Beruhigungsmitteln wie Dopamin und Serotonin wieder ins Lot bringen. Diese Substanzen stellen wieder Freude und Friede her. Doch wenn die Amygdala unablässig Warnungen ausstrahlt, bekommen die natürlichen Beruhigungsmittel nie die Gelegenheit, ihre Arbeit zu verrichten. Das Gehirn wird nie in den Normalzustand zurückversetzt. Wir werden gereizt, verunsichert und ruhelos. Das ist die schlechte Nachricht. Die gute Nachricht ist: Gott kann unsere Amygdala beruhigen! Und er kann dazu sehr gut die Worte des Apostels Paulus verwenden.

Paulus fordert uns dazu auf: „Freut euch *zu jeder Zeit,* dass ihr zum Herrn gehört" (Philipper 4,4; Hervorhebung von mir). Nicht nur an Feiertagen, Freitagen, guten Tagen oder Geburtstagen. Nein: Sie sollen sich zu jeder Zeit darüber freuen, dass Sie zu Gott gehören. Und glauben Sie mir, Sie sind nicht der Erste, der „zu jeder Zeit" liest und eine Augenbraue hochzieht. *Freut euch zu jeder Zeit, dass ihr zum Herrn gehört?*

„Ja, klar", murmelt der Leser, der gerade in einem Krankenhausbett liegt.

„Wie?", seufzt der arbeitslose Vater.

„Zu jeder Zeit?", fragt die Mutter mit dem Säugling, der mit einer Behinderung zur Welt kam.

Es ist eine Sache, sich darüber zu freuen, dass man zu Gott gehört, wenn das Leben gut läuft, doch was ist, wenn die Regentage kommen?

Josef stand ebenfalls vor dieser Herausforderung. Dieser alttestamentliche Held lebte ungefähr zwanzig Jahrhunderte vor dem Apostel Paulus. Doch beide wussten, wie herausfordernd Gefangenschaft ist. Josefs Gefängnis war nasskalt und dunkel, ein unterirdisches Verlies aus fensterlosen Räumen, fadem Essen und bitterem Wasser. Er hatte keinen Ausweg.

Und er hatte keinen Freund, der ihm hätte helfen können. Er dachte, er hätte einen; er war nämlich mit zwei Männern vom Hofstaat des Pharao befreundet. Einer war ein Diener, der andere ein Bäcker, und beide hatten schlechte Träume und waren unruhig. Josef hatte die Gabe der Traumdeutung und bot seine Hilfe an. Als sie ihm ihre Träume erzählt hatten, hatte er schlechte Nachrichten für den Bäcker („Bring deine Angelegenheiten in Ordnung; du wirst sterben.") und gute Nachrichten für den Diener („Pack deine Sachen; du kehrst bald wieder zum Pharao zurück."). Josef bat den Diener daraufhin, ein gutes Wort für ihn einzulegen. Dieser willigte ein. Josefs Herz raste; er schöpfte Hoffnung. Er behielt die Zellentür im Blick, in der Erwartung, jeden Augenblick freigelassen zu werden.

„Doch der Mundschenk dachte nicht mehr an Josef, er vergaß ihn einfach" (1. Mose 40,23).

Und auch jeder andere, wie es den Anschein hatte. Josefs Geschichte ist nämlich eine Geschichte des Verlassenwerdens. Seine Brüder lehnten ihn aufgrund seiner Träume und seines Hochmuts ab und entschlossen sich dazu, ihn zu töten.

Stattdessen warfen sie ihn allerdings lediglich in eine Grube. Wenn nicht ihre Gier einen Hauch größer gewesen wäre als ihr Blutdurst, wäre er ums Leben gekommen. Als sie die Chance bekamen, ihn an reisende Händler zu verkaufen, ergriffen sie die Gelegenheit.

Sein Vater wusste nichts von alledem. Wenn man Josefs Geschichte liest, hofft man darauf, vom plötzlichen Auftauchen Jakobs zu lesen, der nach seinem Sohn suchte, ihn rettete und mit nach Hause nahm. Doch das lesen wir nicht, denn Jakob tat nichts davon. Was diese Geschichte angeht, so war er verschollen.

Josef wurde nach Ägypten gebracht und wie ein Nutztier versteigert. Der Ururenkel Abrahams wurde an den Meistbietenden verkauft. Trotzdem landete er auf den Füßen. Er arbeitete sich bis an die Spitze von Potifars Haushalt vor. Doch dann wollte die Dame des Hauses ein Techtelmechtel mit ihm anfangen. Die Dame wurde anzüglich, und Josef ergriff die Flucht, ließ jedoch sein Gewand in ihrer Hand zurück. Als sie ihn der versuchten Vergewaltigung bezichtigte, ergriff ihr Ehemann für sie Partei und warf Josef ins Gefängnis. Josef landete für ein Verbrechen hinter Gittern, das er nicht begangen hatte.

Doch noch immer gab er nicht auf. Er wurde ein Musterhäftling. Er fügte sich ein, schloss Freundschaften und machte einen guten Eindruck auf den Gefängnisdirektor, der ihn zum Insassen des Monats ernannte und zum leitenden Gefangenen beförderte. In dieser Situation traf Josef den Diener und bat um Hilfe. Dieser willigte ein, vergaß sein Versprechen jedoch schnell, und jetzt wird die Geschichte ziemlich grausam: Josef schmachtete zwei Jahre im Gefängnis, ohne ein rettendes Wort und ohne Lichtblick am Horizont.

Zwei Jahre! Genug Zeit, um aufzugeben. Genug Zeit, dass die Welt einem ausgesprochen düster vorkommt und man schon Schreckensgestalten sieht. Genug Zeit, um sich zu fragen: *Behandelt Gott so seine Kinder? Ist das Gottes Belohnung für gutes Verhalten? War denn alle Anstrengung umsonst? Man gibt sein Bestes, und das bekommt man nun dafür? Eine Gefängniszelle und ein hartes Bett.*

Falls Josef solche Fragen stellte, lesen wir nichts davon. Doch falls Sie diese Fragen stellen, sind Sie damit nicht allein.

Denalyn und ich verbrachten eines Abends viel Zeit damit, einer Frau zuzuhören, die uns davon erzählt, dass ihr Mann eine Affäre hatte. Es war seine dritte. Sie dachte, sie und ihr Mann hätten die Phase der Untreue endlich überwunden. Die Brücke des Vertrauens hatte etwas frischen Mörtel und neue Stützen bekommen. Sie redeten mehr miteinander. Stritten nur selten. Das Leben schien gut zu laufen.

Dann entdeckte sie außergewöhnliche Buchungen auf der Kreditkartenabrechnung. Sie konfrontierte ihn damit. Er verteidigte sich. Sie verlor die Beherrschung. Er verließ sie. Was für ein Chaos.

Zwischen zwei Schluchzern fragte sie: „Wo ist Gott bei alledem?"

Und was ist mit Ihnen? Sie wurden ja nicht wie Josef ins Gefängnis geworfen, obwohl, vielleicht doch. Sie sind vielleicht bei den Anonymen Alkoholikern gelandet oder in einem Frauenhaus oder in einer Warteschlange für Arbeitslose. Und Sie fragen sich: *Ich glaube an Gott. Weiß er eigentlich Bescheid? Interessiert es ihn überhaupt?*

Deisten würden jetzt sagen: „Nein. Gott erschuf das Universum und überließ es dann sich selbst."

Pantheisten würden jetzt sagen: „Nein. Die Schöpfung hat keine eigene Geschichte oder einen Selbstzweck; sie ist nur ein Teil Gottes."

Atheisten würden jetzt sagen: „Nein." Es überrascht nicht, dass die Philosophie, die die Existenz Gottes ablehnt, auch die Möglichkeit eines göttlichen Plans ablehnt.

Andererseits sagen aber Christen: „Ja, es gibt einen Gott. Ja, dieser Gott nimmt persönlich an seiner Schöpfung Anteil und greift machtvoll ein."

„In dem Sohn zeigt sich die göttliche Herrlichkeit seines Vaters, denn er ist ganz und gar Gottes Ebenbild. Sein Wort ist die Kraft, die das Weltall zusammenhält" (Hebräer 1,3). Das griechische Wort, das mit „zusammenhält" übersetzt wird, ist ein Begriff, der im Neuen Testament gewöhnlich auch mit „tragen" oder „bringen" übersetzt wird.[2] Die Freunde *trugen* den Gelähmten zu Jesus, und die Diener *brachten* Wein zu dem Mann, der für die Hochzeit verantwortlich war. Sie „hielten" den Mann und den Wein gewissermaßen „zusammen" (Lukas 5,18; Johannes 2,8). Sie garantierten also die sichere Zustellung.

Die Aussage, dass Jesu „Wort ... die Kraft [ist], die das Weltall zusammenhält", bedeutet also auch, dass er die Schöpfung zu einem bestimmten Ziel führt. Im Original wird hier das Partizip Präsens verwendet, was darauf hinweist, dass Jesus in seiner Schöpfung *fortwährend* aktiv ist. Er herrscht fortwährend über alle Dinge.

Weit weg? Distanziert? Doch Gott nicht. „Denn Christus war vor allem anderen; und alles hat nur durch ihn Bestand" (Kolosser 1,17). Wenn er sich aus seiner Schöpfung zurückziehen würde, fiele die Welt in sich zusammen. Seine Abdankung würde unsere Auflösung bedeuten. „Denn in ihm, dessen Gegenwart alles durchdringt, leben wir, bestehen wir und sind wir" (Apostelgeschichte 17,28; NGÜ).

Seinetwegen bleibt das Wasser nass und der Fels hart. Von Generation zu Generation bleiben die Gesetze der Schwerkraft und Thermodynamik unverändert. Da seine Hand am Steuer der Schöpfung ist, folgt der Frühling noch immer auf den Winter, und der Winter folgt auf den Herbst. Es gibt eine Ordnung im Universum. Er hält alles zusammen.

Und das ist entscheidend: Er gebraucht alles, um zu erreichen, was er sich vorgenommen hat. Er ist es, der „alles nach seinem Willen und in Übereinstimmung mit seinem Plan ausführt" (Epheser 1,11; NGÜ). Im Griechischen wird an dieser Stelle das Wort *energeō* verwendet.[3] Gott ist die Energie und die treibende Kraft hinter allem. Kein Augenblick, kein Ereignis, keine Einzelheit entgleitet seiner Kontrolle. Er steht vor dem Universum wie ein Dirigent vor seinem Orchester und ruft die Elemente dazu auf, ihren jeweiligen Part in der göttlichen Komposition zu spielen.

Du lässt Gras wachsen für das Vieh und Pflanzen, die der Mensch anbauen und ernten kann. So hat er Wein, der ihn erfreut, Öl, das seinen Körper pflegt, und Brot, das ihn stärkt (Psalm 104,14–15).

Es ist Gott, der „seine Sonne für Böse wie für Gute aufgehen [lässt], und er lässt es regnen für Fromme und Gottlose" (Matthäus 5,45). Es ist Gott, der die Vögel versorgt und um die Spatzen weiß (Matthäus 6,26; 10,29). Es ist Gott, der über alles die Kontrolle hat, auch über alle Details unseres Lebens.

Diesen Plan passt er nicht fortwährend an. Und er hat auch nicht einfach die Uhr aufgezogen und ist dann weggegangen.

„Der höchste Gott ist Herr über alle Reiche der Welt, er vertraut die Herrschaft an, wem er will" (Daniel 5,21). Er „allein ist Richter: Den einen lässt er fallen, den anderen bringt er zu Ansehen und Macht" (Psalm 75,8). „Seht, der Zorn des Herrn ... wird sich erst legen, wenn alles ausgeführt ist, was der Herr sich vorgenommen hat" (Jeremia 30,23–24).

Was für starke Aussagen: Gott „ist Herr", „vertraut ... an", „ist Richter", hat „sich vorgenommen". Diese Begriffe belegen die Existenz eines himmlischen Architekten und eines Plans, und dieser Plan schließt Sie mit ein. „Außerdem hat Gott uns – seinem Plan entsprechend – durch Christus zu seinen Erben gemacht. Er, der alles nach seinem Willen und in Übereinstimmung mit seinem Plan ausführt, hatte uns von Anfang dazu bestimmt" (Epheser 1,11; NGÜ).

Wenn Gott die Kontrolle hat, warum saß Josef dann im Gefängnis? Warum droht die Ehe unserer Freundin zu zerbrechen? Warum lässt Gott zu, dass wir mit Herausforderungen konfrontiert werden? Würde ein allmächtiger Gott dem nicht einen Riegel vorschieben?

Nicht, wenn sie seinem höheren Zweck dienen. Erinnern Sie sich an den Rest der Geschichte von Josef? Als der Pharao beunruhigende Träume hatte, erinnerte sich der Diener an Josefs Bitte. Im Gespräch mit dem Pharao erwähnte er Josef, und ebenso schnell, wie Sie *Vorsehung* sagen können, wurde Josef aus dem Gefängnis in den Palast gebracht. Josef erklärte dem Pharao die Bedeutung der Träume, bei denen es um die Ankündigung einer Hungersnot ging. Der Pharao beförderte ihn daraufhin zum Premierminister, und Josef führte Ägypten erfolgreich durch die Krise und rettete dabei nicht nur die Ägypter, sondern auch seine eigene Familie.

Jahre später sollte Josef zu seinen Brüdern sagen: „Ihr wolltet mir Böses tun, aber Gott hat Gutes daraus entstehen lassen. Durch meine hohe Stellung konnte ich vielen Menschen das Leben retten. Ihr braucht also nichts zu befürchten. Ich werde für euch und eure Familien sorgen" (1. Mose 50,20–21). Im Kern dieser Aussage wird deutlich, warum wir immer Grund zur Hoffnung haben: „aber Gott", heißt es dort. „Ihr wolltet mir Böses tun, aber Gott…" Was Schaden zufügen sollte, wurde gut. Warum? Weil Josef trotz seiner Lebensumstände an Gott festhielt.

Josef betrachtete das Leid in seinem Leben durch die Brille der göttlichen Vorsehung. Versuchen Sie doch einmal, dasselbe zu tun. Wenn Sie das nicht tun, wird die Sorge Sie an jedem Tag Ihres Lebens verfolgen. Ehrlich gesagt weiß ich nicht, was ich einem Atheisten oder Agnostiker raten könnte. Was hilft ihnen bei Sorgen weiter? Yoga? Atemübungen? Duftkerzen, die ihren Stress lindern sollen? Das ist ja, als würde man mit einem Zahnstocher zum Tjosten gehen.

Gottes Souveränität ermöglicht es uns, den Angriff der Sorgen mit einem Schwert abzuwehren, in das die Worte „aber Gott" eingeätzt sind.

Andererseits ermöglicht es uns Gottes Souveränität, den Angriff der Sorgen mit einem Schwert abzuwehren, in das die Worte „aber Gott" eingeätzt sind.

Die Firma entlässt Mitarbeiter, *aber Gott* ist noch immer souverän.

Der Krebs ist zurück, *aber Gott* sitzt noch immer auf dem Thron des Universums.

In den ersten Jahren unserer Ehe habe ich mich wie ein Idiot benommen, *aber Gott* hat mir gezeigt, wie man das Haupt einer Familie ist.

Ich habe mir immer Sorgen gemacht und war innerlich ganz unruhig, *aber Gott* hat mich ermutigt.

Die Brüder wollten Josef Schaden zufügen. Aber in seiner Vorsehung gebrauchte Gott ihre bösen Pläne letztlich, um etwas Gutes zu erreichen. Zu keinem Zeitpunkt beraubte er die Brüder ihres freien Willens. Er zwang ihnen niemals seine Natur auf. Doch ebenso wenig erlaubte er ihrer Sünde und ihrem sündigen Wesen, zu bestimmen, was letztendlich geschah. Er lenkte das Böse in neue Bahnen, sodass etwas Gutes geschah. Gott gebraucht alle Dinge, um sein Ziel zu erreichen. Er wird sich nicht abbringen lassen von seinem Plan, die Schöpfung zu erhalten und zu der ihr zugedachten Herrlichkeit zu führen.

Der letzte Beweis dafür, dass er auch in dunklen Zeiten für uns sorgen wird, ist der Tod Jesu am Kreuz. Es gibt keine Tat, die so böse war wie diese. Keine andere war so finster. Und doch hat Gott die Kreuzigung nicht nur schon lange im Voraus geplant und dann zugelassen, sondern hat aus ihrem Fluch einen großen Segen für die Menschheit gemacht. Wie Petrus zu den Menschen von Israel sagte: „Was dann geschah, wusste Gott schon lange im Voraus; er selbst hatte es so geplant: Jesus wurde verraten und an euch ausgeliefert, und ihr habt ihn durch Menschen, die nichts vom Gesetz Gottes wissen, ans Kreuz schlagen und töten lassen. *Doch Gott* hat ihn aus der Gewalt des Todes befreit und hat ihn auferweckt; es zeigte sich, dass der Tod keine Macht über ihn hatte und ihn nicht festhalten konnte" (Apostelgeschichte 2,23–24; NGÜ, Hervorhebung von mir).

Jeder dachte, das Leben von Jesus sei damit vorbei – *aber Gott*... Sein Sohn war tot und begraben, aber Gott erweckte ihn von den Toten auf. Gott hat aus der Kreuzigung am Freitag das Fest am Sonntag gemacht.

Kann er nicht auch in Ihrem Fall dafür sorgen, dass sich Ihre Herausforderung als etwas Positives herausstellt?

Es tut mir leid, dass Ihnen das Leben solches Leid auferlegt hat. Es tut mir leid, wenn Ihre Eltern Sie vernachlässigt haben. Es tut mir leid, wenn Ihr Lehrer Ihnen keine Beachtung geschenkt hat. Es tut mir leid, wenn ein Herzensbrecher bei Ihrer Hochzeit „Ich will" sagte, aber an jedem darauffolgenden Tag „Ich will nicht". Es tut mir leid, wenn Sie in unangemessener Weise berührt, absichtlich verspottet oder unverdient entlassen wurden. Es tut mir leid, wenn Sie in Ägypten gelandet sind.

Doch wenn die Geschichte von Josef uns eines lehren kann, dann das: Wir haben eine Wahl. Wir können unseren Schmerz tragen oder unsere Hoffnung. Wir können uns in unser Unglück hüllen oder uns mit Gottes Fürsorge kleiden. Wir können unter dem Chaos des Lebens zusammenbrechen oder uns auf den vollkommenen Plan Gottes stützen. Und wir dürfen auf diese Verheißung vertrauen: „Das eine aber wissen wir: Wer Gott liebt, dem dient alles, was geschieht, zum Guten. Dies gilt für alle, die Gott nach seinem Plan und Willen zum neuen Leben erwählt hat" (Römer 8,28).

Gott hat aus der Kreuzigung am Freitag das Fest am Sonntag gemacht.

In der belgischen Hauptstadt Brüssel gibt es Geschäfte, die für ihre Spitze bekannt sind und in denen einige Räumlichkeiten dem Klöppeln der feinsten Spitze mit den zierlichsten Mustern vorbehalten sind. Diese Räume liegen in völliger Dunkelheit, nur ein Strahl natürlichen Lichts fällt durch ein einzelnes Fenster. Nur ein Klöppler sitzt in diesem Raum. Das Licht fällt auf das Muster, während der Arbeiter im Dunkel sitzt.[4]

Hat Gott in Ihrer Welt eine Zeit der Dunkelheit zugelassen? Sie halten nach ihm Ausschau, doch Sie können ihn nicht sehen.

Sie fragen vielleicht nach dem Sinn hinter diesem oder jenem Faden. Aber seien Sie gewiss: Gott sieht das Muster. Er hat einen Plan. Er hat seine Arbeit noch nicht beendet, doch wenn er damit fertig ist, wird die Spitze wunderschön sein.

Sie sehen nur den gewebten, verflochtenen Stoff der Lebensumstände und fragen nach dem Sinn hinter diesem oder jenem Faden. Aber seien Sie gewiss: Gott sieht das Muster. Er hat einen Plan. Er hat seine Arbeit noch nicht beendet, doch wenn er damit fertig ist, wird die Spitze wunderschön sein.

Vor einiger Zeit besuchte ich das *American Colony Hotel* in Jerusalem. Ich war mit einer langen Liste von Orten nach Israel gereist, die ich besuchen, und Stätten, die ich sehen wollte. Doch ganz oben auf der Liste stand ein Besuch in der Lobby des *American Colony Hotel*. Nein, ich hatte es nicht auf meine Reiseroute aufgenommen, weil ich eben Amerikaner bin. Auch nicht, weil das Essen in dem Restaurant lecker oder die Einrichtung besonders schön ist. Das Essen ist zwar lecker und das Etablissement ist grandios, doch ich ging aus einem anderen Grund dorthin. Ich wollte das handgeschriebene Gedicht sehen, das dort gerahmt und für jeden sichtbar an der Wand hängt.

Verfasst wurde das Gedicht von Horatio Spafford, der sich sicher niemals hätte vorstellen können, dass es der Liedtext für eines der beliebtesten Kirchenlieder der Welt werden würde. Spafford war ein wohlhabender Rechtsanwalt und Ältester der Presbyterianischen Kirche. 1871 erlitten er und seine Frau Anna beim großen Brand von Chicago einige tragische Verluste. Im November 1873 stachen Anna und ihre Kinder mit einer Gruppe von Freunden in See; sie wollten nach Europa. Spafford blieb zu Hause, um einige geschäftliche Dinge zu regeln. Am 2. Dezember erhielt er ein Telegramm von seiner Frau, das mit den Worten begann: „Als Einzige gerettet. Was soll ich tun?"[5] Bald darauf erfuhr er, dass sie mit einem britischen Schiff kollidiert und gesunken waren. Ihre vier Töchter ertranken dabei, nur Anna überlebte. Spafford reiste nach England, um seine Frau nach

Hause zu holen. Während der Überfahrt schrieb er den Text zu einem Lied, das zu einer Hymne auf die Fürsorge Gottes werden sollte.

Spafford zog schließlich gemeinsam mit seiner Frau nach Jerusalem, um eine christliche Gesellschaft ins Leben zu rufen, die den Bedürfnissen aller Menschen dienen sollte. Mit der Zeit wurde die Gruppe größer und zog in ein großes Haus um, das außerhalb der Stadtmauern lag. Das Haus wurde erst zu einer Jugendherberge, dann zu einem Hotel. Es steht noch immer, und noch immer dient es als Ausstellungsort für diese Worte, die von einem gramgebeugten Mann auf sturmgepeitschter See geschrieben worden waren:

Mir ist wohl in dem Herrn
Wenn Friede mit Gott meine Seele durchdringt,
ob Stürme auch drohen von fern,
mein Herze im Glauben doch allezeit singt:
Mir ist wohl, mir ist wohl in dem Herrn.

Wenn Satan mir nachstellt und bange mir macht,
so leuchtet dies Wort mir als Stern:
Mein Jesus hat alles für mich schon vollbracht;
ich bin rein durch das Blut meines Herrn.

Die Last meiner Sünde trug Jesus, das Lamm,
und warf sie weit weg in die Fern;
er starb ja für mich auch am blutigen Stamm;
meine Seele, lobpreise den Herrn!

Nun leb ich in Christus, für ihn ganz allein;
sein Wort ist mein leitender Stern.
In ihm hab ich Fried und Erlösung von Pein,
meine Seele ist fröhlich im Herrn.[6]

Mögen wir so auf die Fürsorge Gottes vertrauen, dass wir dasselbe sagen können.

Zu jeder Zeit.

TEIL 2

Unterbreiten Sie Gott Ihre Probleme

_____

„Sagt ihm, was euch fehlt!"

KAPITEL 5

Ruhe, die ansteckend ist

Es besteht kein Grund zur Sorge,
denn Gott ist nahe.

Nur die Betätigung des roten Knopfs trennte die Menschen noch von der Katastrophe. Vier russische U-Boote patrouillierten vor der Küste Floridas. US-amerikanische Kriegsschiffe hatten Übungswasserbomben abgeworfen. Der russische Kapitän war gestresst, schießwütig und bereit, ein paar amerikanische Städte zu zerstören. Jedes U-Boot war mit einem Nuklearsprengkopf ausgerüstet. Jeder Sprengkopf wäre dazu in der Lage, eine Katastrophe von Hiroshima-Ausmaßen auszulösen.

Wäre da nicht die ansteckende Ruhe eines klar denkenden Offiziers gewesen, hätte 1962 vielleicht der Dritte Weltkrieg begonnen. Sein Name war Wassili Archipow. Er war ein sechsunddreißigjähriger Marineoffizier in einer geheimen russischen U-Boot-Flotte. Die Mannschaft ging davon aus, dass sie zu einer Übungsmission an die sibirische Küste ausgesandt waren.

Später erfuhren sie, dass sie dazu abkommandiert worden waren, 8000 Kilometer südwestwärts zu fahren. Sie sollten die Vorhut für eine neue Basis in der Nähe von Havanna, Kuba, bilden. Die U-Boote fuhren nach Süden und ihre Mission ging in die Binsen. Um schnell vorwärtszukommen, reisten die U-Boote an der Wasseroberfläche, wobei sie in den Hurrikan Daisy gerieten. Die fünfzehn Meter hohen Wellen verursachten bei den Männern Übelkeit und beeinträchtigten die Bordsysteme.

Dann kamen die warmen Gewässer. Sowjetische U-Boote waren für polare Gewässer gebaut worden, nicht für den tropischen Atlantik. Die Temperaturen in den Booten überstiegen schließlich 48 Grad Celsius. Die Mannschaft kämpfte während der dreiwöchigen Reise die meiste Zeit gegen die Hitze und die Platzangst an. Als sie endlich die Küste Kubas erreichten, waren die Männer erschöpft, nervös und besorgt.

Die Situation verschärfte sich noch, als die U-Boote kryptische Anweisungen aus Moskau erhielten, sie sollten nach Norden fahren und an der Küste von Florida patrouillieren. Kurz nachdem sie amerikanische Gewässer erreicht hatten, machte ihr Radar das Signal von einem Dutzend Schiffen und Flugzeugen aus. Die Russen wurden von den Amerikanern verfolgt. Die US-amerikanischen Zerstörer setzten Übungswasserbomben ein. Die Russen nahmen an, sie würden angegriffen.

Der Kapitän verlor die Beherrschung. Er berief seinen Stab zu seinem Kommandoposten und schlug mit den Fäusten auf den Tisch. „Wir bomben die jetzt weg! Wir werden sterben, aber wir werden die alle versenken – wir werden unsere Marine nicht blamieren!"

Die Welt stand auf der Schwelle zum Krieg. Doch dann bat Wassili Archipow um ein Gespräch mit seinem Kapitän. Die beiden Männer gingen beiseite. Er bat seinen Vorgesetzten mit Nachdruck, seine Entscheidung zu überdenken. Er schlug vor, dass sie mit den Amerikanern reden sollten, bevor sie reagierten. Der Kapitän hörte auf ihn. Sein Zorn kühlte ab. Er gab den Booten den Befehl aufzutauchen.

Die Amerikaner kreisten die Russen ein und behielten sie unter Beobachtung. Was sie zu tun beabsichtigt hatten, ist unklar, da die Sowjets innerhalb weniger Tage wieder abtauchten, den Amerikanern entwischten und sich auf den Heimweg machten.

Dass die Welt in den 60er-Jahren nur knapp einer Katastrophe entkommen war, wurde jahrzehntelang geheim gehalten. Archipow erhielt einen Orden, doch die öffentliche Anerkennung blieb ihm sein Leben lang verwehrt. Erst 2002 erfuhr die Öffentlichkeit, dass der Dritte Weltkrieg damals nur knapp abgewendet werden konnte. Der Direktor des *National Security Archive* stellte fest: „Die Lehre aus diesem [Ereignis] ist, dass ein Mann namens Wassili Archipow die Welt gerettet hat."[1]

Warum ist diese Geschichte von Bedeutung? Sie werden sicher nicht drei Wochen in einem glühend heißen russischen U-Boot verbringen. Doch vielleicht verbringen Sie ein Semester unter der Last eines schwierigen Kurses oder vielleicht haben Sie mit den Gegenwinden einer Wirtschaftskrise zu kämpfen. Vielleicht verbringen Sie Nacht für Nacht am Bett eines kranken Kindes oder eines alt gewordenen Elternteils. Vielleicht ringen Sie darum, eine Familie zusammenzuhalten, ein Unternehmen flottzumachen, eine Schule vor dem Untergang zu bewahren.

Sie werden versucht sein, den roten Knopf zu drücken und abzufeuern – keine Nuklearsprengköpfe, aber Wutausbrüche, voreilige Schuldzuweisungen, einen hitzigen Gegenschlag verletzender Worte. Eine außer Kontrolle geratene Sorge ist eine Bombe, die eine unglaubliche Zerstörung anrichtet. Wie viele Menschen wurden schon verletzt, weil man die eigenen Sorgen mit ungezügelter Arbeitswut betäuben wollte?

Und wie viele Katastrophen wurden schon abgewendet, weil ein Mensch sich weigerte, unter dem Druck einzuknicken? Aber genau zu dieser Haltung fordert Paulus im ersten Teil eines dreiteiligen Aufrufs auf. „Alle Menschen sollen eure Güte und Freundlichkeit erfahren. Der Herr kommt bald! Macht euch keine Sorgen!" (Philipper 4,5–6).

Das griechische Wort, das hier mit „Güte und Freundlichkeit" *(epieikes)* übersetzt wird, beschreibt ein Wesen, das erfahren und gereift ist.[2] Es stellt uns eine Haltung vor Augen, die den Gegebenheiten angemessen, die besonnen und gemäßigt ist. Die gütige und freundliche Reaktion ist von Stetigkeit, Objektivität und Gerechtigkeit geprägt. Sie „betrachtet die Fakten eines Falls auf menschliche und vernünftige Weise".[3] Das Gegenteil wäre eine Überreaktion oder ein Gefühl der Panik.

Alle in unserer Umgebung sollen diese Güte und Freundlichkeit zu spüren bekommen. Familienmitglieder bemerken unser Verhalten. Ihre Freunde nehmen den Unterschied wahr. Kollegen kommt sie ebenfalls zugute. Andere mögen ausrasten oder türknallend hinausrennen, doch der gütige und freundliche Mensch ist besonnen und kann klar denken. Seine innere Ruhe ist ansteckend.

Ein ruhiger Mensch erinnert andere daran: „Gott hat die Kontrolle." Es kann der Geschäftsführer eines Unternehmens sein, der sagt: „Lasst uns alle tun, was in unserer Macht steht. Dann wird alles wieder in Ordnung kommen." Es kann die Führungskraft sein, die die Herausforderung sieht und sie annimmt: „Die Zeiten sind schwierig, doch wir werden sie überstehen."

Güte und Freundlichkeit. Wo können wir diesen Schatz heben? Wie können Sie und ich unsere Finger vom Abzug fernhalten? Wie können wir besonnen bleiben, wenn alle anderen ihre Beherrschung verlieren? Lassen Sie uns die Tiefen des zweiten Satzes ausloten: „Alle Menschen sollen eure Güte und Freundlichkeit erfahren. Der Herr kommt bald! Macht euch keine Sorgen!" (Philipper 4,5–6).

Ein ruhiger Mensch erinnert andere daran: „Gott hat die Kontrolle."

Der Herr kommt bald! Sie sind nicht allein. Vielleicht fühlen Sie sich allein. Vielleicht denken Sie, Sie seien allein. Aber es gibt keinen Augenblick in Ihrem Leben, den Sie ohne Hilfe durchstehen müssten. Gott ist nahe.

Gott hat seinem Volk wiederholt seine buchstäbliche Gegenwart zugesichert.

Zu Abram sagte Gott: „Hab keine Angst ... ich beschütze dich wie ein Schild und werde dich reich belohnen!" (1. Mose 15,1).

Hagar kündigte der Engel an: „Hab keine Angst – Gott hat ... gehört!" (1. Mose 21,17).

Als Isaak von den Philistern von seinem Land vertrieben wurde und dazu gezwungen war, von Ort zu Ort zu ziehen, erschien ihm Gott und erinnerte ihn daran: „Hab keine Angst, denn ich bin bei dir!" (1. Mose 26,24).

Nach dem Tod von Mose sagte Gott zu Josua: „Lass dich nicht einschüchtern und hab keine Angst! Denn ich, der Herr, dein Gott, stehe dir bei, wohin du auch gehst" (Josua 1,9).

Gott war bei David, und das trotz seines Ehebruchs. Mit Jakob, und das trotz seines hinterhältigen Verhaltens. Mit Elia, und das trotz seines Mangels an Glauben.

Und dann, als gewissermaßen ultimative Erklärung, dass er Gemeinschaft mit uns haben will, nannte Gott sich selbst

Sorge dich nicht!

Immanuel, was „Gott mit uns" bedeutet. Er wurde ein Mensch. Er trug unsere Sünde. Er besiegte den Tod. Er ist noch immer bei uns. In der Gestalt seines Heiligen Geistes tröstet und lehrt er uns und führt uns unser Fehlverhalten vor Augen.

Und glauben Sie nicht, dass Gott nur aus der Entfernung zusieht. Vermeiden Sie den Treibsand, an dem das Schild steht: „Gott hat dich verlassen!" Gehen Sie dieser Lüge nicht auf den Leim. Wenn doch, wird Ihr Problem noch durch ein Gefühl der Einsamkeit vergrößert. Es ist eine Sache, einer Herausforderung zu begegnen, aber ihr ganz allein zu begegnen? Isolation erschafft eine Abwärtsspirale der Sorge. Entscheiden Sie sich stattdessen dafür, der Mensch zu sein, der sich mit beiden Händen an der Gegenwart Gottes festkrallt. „Der Herr ist auf meiner Seite, ich brauche mich vor nichts und niemandem zu fürchten. Was kann ein Mensch mir schon antun?" (Psalm 118,6).

Weil Gott nahe ist, müssen wir uns keine Sorgen machen. Das ist das Argument von Paulus. Denken Sie daran, dass der Brief an die Philipper genau das ist: ein Brief. Paulus verwendete weder Kapitel noch Versnummern; dieses System wurde erst im 13. und 16. Jahrhundert von Gelehrten eingeführt. Die Struktur hilft uns als Lesern, doch sie kann uns auch behindern. Der Apostel wollte, dass die Worte von Vers 5 und 6 in einem Rutsch gelesen werden: „Der Herr kommt bald; [deshalb] macht euch keine Sorgen!" Den ersten Kommentatoren fiel das auf. Johannes Chrysostomos formulierte den Vers folgendermaßen: „Der Herr ist in greifbarer Nähe. Macht euch keine Sorgen."[4] Theodoret von Kyrrhos übersetzte die Worte so: „Der Herr ist nahe. Habt keine Bedenken."[5]

Wir können unsere Sorgen gelassen zu Gott bringen, weil er so nahe ist wie unser nächster Atemzug!

Isolation erschafft eine
Abwärtsspirale der Sorge.
Entscheiden Sie sich
stattdessen dafür, der Mensch
zu sein, der sich mit beiden
Händen an der Gegenwart
Gottes festkrallt.

Das ist auch die beruhigende Lehre, die wir aus dem Wunder mit den Broten und den Fischen ziehen können. Wo es eigentlich darum ging, Menschen zu beruhigen, die unruhig waren und sich Sorgen machten, forderte Jesus seine Jünger auf, das Unmögliche zu tun: „Gebt fünftausend Menschen zu essen."

„Als Jesus aufblickte, sah er die vielen Menschen, die zu ihm kamen. Darauf wandte er sich an Philippus: ‚Wo können wir für alle diese Leute Brot kaufen?‘ Er fragte dies, um zu sehen, ob Philippus ihm vertraute; denn er wusste schon, wie er die Menschen versorgen würde" (Johannes 6,5–6). Wenn Johannes erwähnt, dass die Zuhörerschaft aus „vielen Menschen" bestand, dann meinte er das durchaus ernst. Es waren fünftausend Männer und zusätzlich noch Frauen und Kinder anwesend (Matthäus 14,21). Stellen Sie sich ein ausverkauftes Stadion vor, dann verstehen Sie, was damals los war. Und Jesus war bereit, diese ganze Menschenmenge zu bewirten.

Die Jünger dagegen wollten alle loswerden. „Schick die Leute weg, damit sie in die Dörfer gehen und dort etwas zu essen kaufen können!" (Matthäus 14,15). Können Sie hören, dass in ihren Worten ein wenig Sorge mitschwingt? Und ein gewisser Tonfall der Verärgerung, der Verdrossenheit? Sie nannten Jesus nicht „Meister". Sie kamen nicht etwa mit einem Vorschlag zu ihm. Sie marschierten als Gruppe zu Jesus und sagten ihm, was zu tun war. Die Jünger sahen ein Tal voller hungriger Menschen. Knurrende Mägen würden bald zu missmutigen Gesichtern und womöglich hätten die Jünger dann einen Aufstand am Hals. Sie hatten also allen Grund dazu, verunsichert zu sein.

Andererseits: Hatten sie nicht ebenso guten Grund dazu, sich sicher zu fühlen? Zu diesem Zeitpunkt ihrer Reise mit Jesus hatten sie gesehen, wie er:

- Aussatz heilte (Matthäus 8,3),
- den Diener des Hauptmanns heilte, ohne den Diener überhaupt aufzusuchen (Matthäus 8,13),
- die Schwiegermutter von Petrus heilte (Matthäus 8,15),
- ein tobendes Meer stillte (Matthäus 8,26),
- einen Gelähmten heilte (Matthäus 9,6–7),
- eine Frau heilte, die zwölf Jahre lang krank gewesen war (Matthäus 9,22),
- ein Mädchen vom Tod auferweckte (Matthäus 9,25),
- einen bösen Geist austrieb (Markus 1,25),
- auf einem Friedhof einen von Dämonen besessenen Mann heilte (Markus 5,15),
- Wasser in Wein verwandelte (Johannes 2,9) und
- einen Mann heilte, der seit achtunddreißig Jahren behindert war (Johannes 5,9).

Nahm sich auch nur einer der Jünger Zeit, einmal kurz nachzudenken? „Na ja, hmmm. Jesus hat die Kranken geheilt, er hat das tote Mädchen wieder lebendig gemacht und die wütenden Wogen beruhigt. Ich frage mich, ob er vielleicht eine Lösung hat, an die wir nicht gedacht haben? Immerhin, er steht ja genau hier. Kommt, wir fragen ihn mal."

Kam es auch nur einem in den Sinn, Jesus um Hilfe zu bitten?

Die erstaunliche Antwort lautet Nein! Sie verhielten sich, als wäre Jesus nicht einmal anwesend. Anstatt sich auf Jesus zu verlassen, hatten sie die Frechheit, dem Schöpfer der Welt zu sagen, dass man mangels Geldes nichts tun könne.

Wie konnte Jesus da nur die Ruhe bewahren? Wie konnte er davon absehen, die Jünger anzublicken und ihnen zu sagen: „Habt ihr denn vergessen, wer ich bin?"

Schließlich bot ein Junge Andreas seinen Picknickkorb an, der diese Gabe Jesus gegenüber nur zaghaft erwähnte.

Jetzt forderte Jesus die Jünger auf: „Sagt den Leuten, dass sie sich hinsetzen sollen!" Etwa fünftausend Männer ließen sich auf dem Boden nieder, der dort von dichtem Gras bewachsen war, außerdem noch viele Frauen und Kinder. Dann nahm Jesus die fünf Gerstenbrote, dankte Gott dafür und ließ sie an die Menschen austeilen. Ebenso machte er es mit den Fischen. Jeder bekam so viel, wie er wollte.

Als alle satt waren, sagte Jesus zu seinen Jüngern: „Sammelt die Reste ein, damit nichts verdirbt!" Das taten sie und füllten noch zwölf Körbe mit den Resten. So viel war von den fünf Gerstenbroten übrig geblieben (Johannes 6,10–13).

Nicht eine Münze wurde ausgegeben. Sie begannen den Tag mit zweihundert Münzen, sie beendeten den Tag mit zweihundert Münzen. Zusätzlich füllten sie zwölf Körbe mit übrig gebliebenem Essen. Vielleicht als Andenken für jeden der Apostel? Die Menschen waren versorgt, das Bankkonto blieb unangetastet, und wir können eine Lektion lernen: Sorge ist unnötig, weil Jesus nahe ist.

Sie stehen zwar heute nicht vor fünftausend hungrigen Bäuchen, doch Sie stehen zwei Tage vor einer Abgabefrist... vor einem geliebten Menschen, der Heilung braucht... vor einem Kind, das in der Schule gehänselt wird... vor einem Ehepartner, der eine Affäre hat. Einerseits haben Sie ein Problem. Andererseits haben Sie nur eine begrenzte Menge an Weisheit, Energie, Geduld oder Zeit. Was Sie haben, ist nicht einmal ansatzweise das, was Sie brauchen. Sie haben einen Fingerhut voll davon, doch Sie brauchen es eimerweise. Normalerweise würden Sie sich Sorgen machen. Sie würden Gott darum bitten, dass er das Problem kleiner macht. „Jesus, du hast mir mehr gegeben, als ich bewältigen kann!"

Doch beginnen Sie dieses Mal nicht mit dem, was Sie haben, beginnen Sie mit Jesus. Beginnen Sie mit seinem Reichtum, seinen Ressourcen und seiner Kraft. Bevor Sie das Kontenbuch öffnen, öffnen Sie doch erst einmal Ihr Herz. Bevor Sie Münzen oder Köpfe zählen, zählen Sie doch erst einmal, wie oft Jesus Ihnen in der Vergangenheit schon geholfen hat, das Unmögliche zu bewältigen. Bevor Sie um sich schlagen, weil Sie schreckliche Angst haben, richten Sie Ihren Blick doch erst einmal vertrauensvoll nach oben. Nehmen Sie sich einen Moment Zeit. Bitten Sie Ihren Vater um Hilfe.

In seinem ausgezeichneten Buch *The Dance of Hope* erinnert sich Bill Frey an den Tag, an dem er versuchte, in Georgia einen Baumstumpf aus der Erde zu ziehen. Damals war er elf Jahre alt. Zu seinen häuslichen Pflichten zählte das Sammeln von Feuerholz für den kleinen Ofen und den Kamin des Gehöfts. Er hielt in den Wäldern Ausschau nach Stümpfen von Pinien, die gefällt worden waren, und hackte sie zu Brennholz klein. Die besten Baumstümpfe waren mit Harz getränkt und brannten daher leichter:

Bevor Sie um sich schlagen, weil Sie schreckliche Angst haben, richten Sie Ihren Blick doch erst einmal vertrauensvoll nach oben.

Eines Tages fand ich auf einem Feld in der Nähe des Hauses einen großen Baumstumpf und versuchte, ihn auszugraben. Stundenlang drückte und zog und arbeitete ich mit dem Stemmeisen daran. Doch das Wurzelsystem reichte so tief

und weit in die Erde, dass es mir einfach nicht gelang, ihn
herauszuziehen. Als mein Vater von der Arbeit kam, war ich
immer noch damit zugange. Er sah mich und kam herüber.
„Ich denke, ich weiß, was dein Problem ist", sagte er.
„Und das wäre?", fragte ich.
„Du wendest nicht all deine Kraft auf."
Ich explodierte regelrecht und erzählte meinem Vater, wie
lange und wie hart ich gearbeitet hatte.
„Nein", gab er zurück, „du wendest nicht all deine Kraft auf.
Du hast mich noch nicht gebeten, dir zu helfen."[6]

Der Umgang mit Sorgen gleicht dem Herausziehen von Baum-
stümpfen aus dem Boden. Einige Ihrer Sorgen haben tief rei-
chende Wurzelsysteme. Sie herauszuziehen ist sehr harte Arbeit.
Es könnte tatsächlich die größte Herausforderung sein, mit der
Sie jemals konfrontiert werden. Doch Sie müssen diese Herausforderung nicht allein bewältigen.

Erzählen Sie Ihrem Vater davon und bitten Sie ihn um Hilfe.

Wird er das Problem lösen? Ja, das wird er.

Wird er es unverzüglich lösen? Vielleicht. Vielleicht ist diese
„Prüfung" aber schon ein Fortgeschrittenenkurs in Sachen Geduld.

So viel ist sicher: Wir werden in dem Maß eine innere Ruhe
entwickeln, die regelrecht ansteckend ist, in dem wir uns an ihn
wenden.

KAPITEL 6

Gebet, nicht Verzweiflung

*Friede wird uns dann geschenkt,
wenn Menschen beten.*

Der Richter besaß ein Anwesen in den Hamptons, das von hohen Zäumen umgeben war. Sein Schwimmbecken hatte die Form eines Dollarzeichens. Er rauchte kubanische Zigarren, trug Anzüge von Armani und fuhr ein Porsche 911 Carrera Coupé mit einem persönlichen Nummernschild, auf dem die Worte *Mein Weg* prangten. Er stand auf der Gehaltsliste jedes Mafiabosses und Drogendealers an der Ostküste. Sie sorgten dafür, dass er im Amt blieb, und er sorgte dafür, dass sie nicht ins Gefängnis kamen. Sie verschafften ihm die nötigen Stimmen und er sorgte dafür, dass sie auf freiem Fuß blieben.

Prima.

Er war ein Gauner. Seine Mutter wusste es. Sein Priester wusste es. Seine Kinder wussten es. Gott wusste es. Dem Richter war das aber völlig egal. Er dachte nie länger über Gott nach und gab auch nie einem ehrlichen Menschen eine zweite Chance. Jesus zufolge war der Richter ein echter Schurke.

Die Witwe kümmerte ihn ganz bestimmt nicht. „In derselben Stadt lebte auch eine Witwe. Diese bestürmte ihn Tag für Tag mit ihrer Not: ‚Verhilf mir doch endlich zu meinem Recht!‘" (Lukas 18,3).

Nennen wir sie Edith. Sie sah unscheinbar aus: das Haar zu einem Knoten aufgesteckt, kariertes Kleid, alte Turnschuhe, die offenbar auf einem Flohmarkt erstanden worden waren. Wenn der Richter ein Mercedes war, war Edith eine Rostlaube. Doch für eine alte Rostlaube hatte sie eine ganze Menge PS. Sie war fest entschlossen, sich irgendeinem Widersacher zu entziehen. Ein Steuereintreiber? Ein zorniger Vermieter? Ein Nachbar, der ihr das Leben schwer machte? Jemand hatte sich zumindest gegen sie gewandt. Jemand hatte beschlossen, sie übers Ohr zu hauen. Sie legte ihren Fall dar und bat um Gerechtigkeit. Vergebens. Sie schöpfte alle Möglichkeiten aus. Zuletzt wandte sie sich mit einer gehörigen Portion Chuzpe an den Richter und bat um seine Unterstützung.

Jeden Morgen, wenn er aus seiner Limousine stieg, stand Edith auf dem Bürgersteig vor dem Gerichtsgebäude. „Hätten Sie eine Minute Zeit, Euer Ehren?"

Wenn er aus seinen Sitzungssälen kam, wartete Edith bereits im Flur. „Herr Richter, ich brauche Ihre Hilfe."

Im „Giovanni's", wo der Richter zu Mittag aß, kam sie an seinen Tisch. „Nur ein paar Minuten Ihrer Zeit." Wie sie am Oberkellner vorbeigekommen war, würde der Richter nie erfahren. Doch da war sie.

Edith saß sogar während Verhandlungen in der ersten Reihe im Gerichtssaal und hielt ein Pappschild hoch, auf dem stand: „Können Sie mir helfen?"

Während seines samstagmorgendlichen Golfspiels trat sie in der Nähe des vierten Grüns aus den Büschen. „Euer Ehren, ich habe eine Bitte."

Sie tippte ihm auf die Schulter, als er das Theater betrat. „Verzeihen Sie, Herr Richter, ich brauche Ihre Hilfe."

Edith ging der Frau des Richters auf die Nerven. Sie lauerte auch der Sekretärin des Richters auf. „Tu etwas wegen Edith", forderten die Frauen. „Sie ist eine echte Nervensäge!"

„Lange Zeit stieß sie bei ihm auf taube Ohren" (Vers 4).

Nachdem man dem Richter gesagt hatte, dass die Luft rein sei, flitzte er eines Tages aus seinem Büro in seine Limousine. Er hechtete auf die Rückbank, und wer saß dort: Sie wissen schon wer. Edith saß in dem Auto! Jetzt steckte er in der Klemme.

Er sah sie an und seufzte. „Gute Frau, Sie verstehen es nicht, oder? Ich kann andere Leute nicht leiden. Ich glaube nicht an Gott. Und ich bin auch kein guter Mensch. Und trotzdem bitten Sie mich fortwährend, Ihnen zu helfen."

„Nur ein kleiner Gefallen", bat Edith.

Er knurrte durch seine zusammengebissenen Zähne: „Alles, wenn ich Sie nur nie wieder sehe. Was wollen Sie?"

Und da sprudelte es aus ihr heraus, eine Geschichte, in der die Wörter „Witwe", „pleite" und der Begriff „Räumungsbefehl" vorkamen. Der Richter starrte aus dem Fenster des Wagens, als sie ihn einzugreifen bat. „… aber schließlich sagte er sich: ‚Mir sind zwar Gott und die Menschen gleichgültig, aber diese Frau lässt mir einfach keine Ruhe. Ich muss ihr zu ihrem Recht verhelfen, sonst wird sie am Ende noch handgreiflich'" (Verse 4–5).

Als sie endlich eine Pause machte, um Luft zu holen, bedeutete er ihr zu schweigen. „Okay, okay. Ich werde Ihnen da raushelfen."

„Wirklich?“

„Ja, unter einer Bedingung.“

„Alles, was Sie wollen.“

„Sie verschwinden aus meinem Leben!“

„Ja, das verspreche ich.“ Edith strahlte. „Darf ich Sie umarmen?“

Er sagte Nein, aber sie tat es trotzdem.

Sie sprang aus dem Wagen und führte auf dem Gehweg einen Freudentanz auf. Der unehrliche Richter fuhr knurrend weg. Und wir Leser sehen vom Lukasevangelium auf und fragen uns: *Was hat diese Geschichte in der Bibel zu suchen?*

Ein korrupter Amtsträger. Ein aufdringlicher Quälgeist. Widerwilliges Wohlwollen. Kein Mitgefühl, keine Anteilnahme. Steckt in diesem Bericht überhaupt eine Botschaft? Ist Gott ein Richter, der nur widerwillig eingreift? Sind wir wie die Witwe, die am Rand der Gesellschaft steht? Geht es beim Beten darum, Gott nicht von der Pelle zu rücken, bis er klein beigibt und uns endlich gewährt, worum wir bitten?

Nein, bei diesem Gleichnis geht es um einen Gegensatz, nicht um einen Vergleich. Der Richter nörgelte, klagte, murrte. Doch selbst er fällte am Ende eine gerechte Entscheidung. „Wenn schon er so handelt, wie viel mehr wird Gott seinen Auserwählten zum Recht verhelfen, die ihn Tag und Nacht darum bitten! Wird er sie etwa lange warten lassen? Ich sage euch, er wird ihnen schnellstens helfen“ (Verse 7–8). Gott ist nicht wie der Richter in dieser Geschichte, der einer Frau nur widerwillig zu ihrem Recht verhilft. Und Sie sind nicht die Witwe. Die Witwe in der Geschichte stand am unteren Ende der Rangordnung. Es gab niemanden, an den sie sich wenden konnte. Doch als ein Sohn oder eine Tochter des Königs stehen Sie in der ersten Reihe.

90

Sie können sich in jedem Augenblick des Tages an Gott wenden.

Und Gott zögert nichts hinaus. Er legt Sie nie in die Warteschleife oder sagt Ihnen, Sie sollen später noch einmal anrufen. Gott liebt es, den Klang Ihrer Stimme zu hören. Jederzeit. Er verkriecht sich nicht, wenn Sie ihn anrufen. Er hört Ihre Gebete.

Aus diesem Grund gilt: „Macht euch um nichts Sorgen! Wendet euch vielmehr in jeder Lage mit Bitten und Flehen und voll Dankbarkeit an Gott und bringt eure Anliegen vor ihn" (Philipper 4,6; NGÜ).

Gott liebt es, den Klang Ihrer Stimme zu hören. Jederzeit.

Mit diesem Vers ruft uns der Apostel auf, dagegen vorzugehen, dass wir uns ständig Sorgen machen. Bis zu diesem Punkt hat er uns zugesichert, dass Gott unter anderem folgende Wesenszüge hat: Er ist souverän, gnädig und jederzeit gegenwärtig. Nun ist es unsere Aufgabe, entsprechend zu handeln. Wir sollten uns für das Gebet entscheiden und nicht für Verzweiflung. Friede wird uns dann geschenkt, wenn Menschen beten.

Gott ruft uns auf, für alles zu beten. Die Begriffe „Gebet", „Flehen" und „Anliegen" meinen etwas Ähnliches, sind aber nicht identisch. Mit Gebet ist eine allgemeine Hingabe gemeint; das Wort schließt Anbetung und Verehrung mit ein. Flehen legt Demut nahe. Wir sind in dem Sinn Flehende, dass wir keine Forderungen stellen; wir bringen einfach nur demütige Anliegen vor. Ein Anliegen ist genau das – eine konkrete Bitte. Dabei sagen wir Gott genau, was wir wollen. Wir bringen im Gebet die Einzelheiten unserer Probleme vor.

Was Jesus zu dem Blinden sagte, sagt er im Grunde auch zu uns: „Was soll ich für dich tun?" (Lukas 18,41). Man sollte doch meinen, dass die Antwort offensichtlich ist: Wenn ein blinder Mann Jesus um Hilfe bittet, ist es dann nicht offenkundig, was er braucht? Doch Jesus wollte, dass der Mann sein Anliegen konkret formuliert.

Dasselbe will er von uns: „… bringt eure Anliegen vor [Gott]." Als auf der Hochzeit zu Kanaa der Wein ausging, begnügte sich Maria nicht damit zu sagen: „Hilf uns, Jesus." Sie wurde ganz konkret: „Es ist kein Wein mehr da!" (Johannes 2,3). Der Bittsteller in einem von Jesu Gleichnissen bat: „Leih mir doch bitte drei Brote" (Lukas 11,5). Nicht einfach „Gib mir etwas zu essen" oder „Kannst du mir aushelfen?" Er hatte ein konkretes Anliegen. Selbst Jesus betete im Garten Getsemane ganz konkret: „… lass diesen bitteren Kelch des Leidens an mir vorübergehen" (Lukas 22,42).

Friede wird uns dann geschenkt, wenn Menschen beten.

Warum ist das wichtig? Mir fallen drei Gründe ein:

1. *Ein konkretes Gebet ist ein ernsthaftes Gebet.* Wenn ich zu Ihnen sage: „Ist es in Ordnung, wenn ich mal bei Ihnen vorbeischaue?", nehmen Sie mich vielleicht nicht ernst. Doch gesetzt den Fall, dass ich sage: „Kann ich am Freitagabend vorbeikommen? Ich habe ein Problem auf der Arbeit und brauche wirklich Ihren Rat. Ich kann um sieben da sein, und ich verspreche auch, dass ich spätestens um acht wieder gehe." Dann wissen Sie, dass meine Bitte ernst gemeint ist. Wenn wir konkrete Anliegen äußern, weiß Gott das ebenso.

2. *Ein konkretes Gebet bietet uns die Gelegenheit, Gott bei der Arbeit zuzusehen.* Wenn wir Zeuge werden, wie er auf spezifische

Weise auf unsere konkreten Anliegen antwortet, vertieft das unseren Glauben.

Im 1. Buch Mose steht das wundervolle Gebet von Abrahams Diener. Er wurde nach Mesopotamien, Abrahams alter Heimat, gesandt, um eine Frau für Abrahams Sohn zu finden. Wie wählt ein Diener eine Ehefrau für jemand anderen aus? Dieser Diener betete dafür:

„Ach, Herr, du Gott meines Herrn Abraham", betete er, „sei gut zu meinem Herrn und erfülle seinen Wunsch! Bitte lass doch meinen Plan gelingen! Ich stehe hier am Brunnen, und gleich kommen die Mädchen aus der Stadt, um Wasser zu holen. Ich werde eine von ihnen fragen, ob sie mir zu trinken gibt. Wenn sie dann antwortet: ‚Natürlich, trink nur; ich will auch deinen Kamelen Wasser geben!', dann bin ich überzeugt, dass sie es ist, die du für Isaak ausgesucht hast! So weiß ich, dass du den Wunsch meines Herrn erfüllt hast" (1. Mose 24,12–14).

Konkreter und detaillierter geht es wohl nicht! Der Diener bat um Erfolg bei seinem Unterfangen. Er stellte sich die Unterhaltung mit der Auserwählten genau vor und dann zog er voller Vertrauen auf Gott los. In der Bibel heißt es: „Kaum hatte er das Gebet zu Ende gesprochen, da kam auch schon ein Mädchen aus der Stadt mit einem Wasserkrug auf der Schulter und füllte ihn am Brunnen. Es war Rebekka" (Vers 15). Und auf seine Bitte um Wasser hin sagte sie dann auch genau die Worte, um die der Diener Gott gebetet hatte. Somit hatte er die Antwort auf sein Gebet. Und er konnte Gott bei der Arbeit zusehen.

3. *Ein konkretes Gebet macht unsere Last leichter.* Viele unserer Sorgen kommen uns so bedrohlich vor, weil sie irgendwie unklar und vage sind. Wenn wir die Herausforderung in einem Satz zusammenfassen können, reduzieren wir sie auf ihr wirkliches Ausmaß. Es ist eine Sache, wenn man betet: „Herr, bitte segne mein morgiges Treffen." Es ist etwas anderes, wenn man betet: „Herr, ich habe morgen um 14 Uhr einen Termin mit meiner Vorgesetzten. Ich fühle mich oft so eingeschüchtert von ihr. Gibst du mir bitte inneren Frieden, damit ich heute Nacht gut schlafen kann? Schenke mir auch Weisheit, damit ich vorbereitet zu dem Treffen gehen kann. Und würdest du bitte ihr Herz für mich öffnen und ihr Großzügigkeit schenken? Hilf uns, eine freundliche Unterhaltung zu führen, die für uns beide von Vorteil ist und bei der dein Name geehrt wird." So. Sie haben das Problem auf eine gebetsgroße Herausforderung reduziert.

Das soll kein Freifahrtschein sein, dass Sie in Ihren Gebeten Forderungen stellen und Gott vorschreiben sollen, was er wann zu tun hat. Ich will auch nicht behaupten, dass Gebete dann beantwortet werden, wenn man nur die richtige Formel oder irgendeinen geheimen Code verwendet. Und denken Sie auch nicht einen einzigen Moment lang, dass Ihre Gebete dann beantwortet werden, wenn Sie sie nur „richtig" aufsagen. Gott lässt sich durch unsere Formeln oder unsere Wortgewandtheit nicht manipulieren oder beeindrucken. Doch die ernsthafte Bitte bewegt ihn. Immerhin, ist er nicht unser Vater? Als seine Kinder ehren wir ihn, wenn wir ihm ganz genau sagen, was wir brauchen.

An meinen guten Tagen beginne ich meinen Morgen mit einer Tasse Kaffee und einem Gespräch mit Gott. Ich überlege, was mich an diesem Tag erwartet, und formuliere meine Bitten: „Ich treffe mich um 10 Uhr mit dem und dem. Schenkst du mir bitte Weisheit? Heute Nachmittag muss ich meine Predigt fertigstellen. Sei dabei bitte an meiner Seite." Wenn ich mich dann im Laufe des Tages etwas gestresst fühle, erinnere ich mich selbst: „O, ich habe diese Herausforderung ja schon heute Morgen an Gott abgegeben. Er hat bereits die Verantwortung für die Situation übernommen. Ich kann dankbar sein, nicht gereizt und unruhig."

„Und legt alle eure Sorgen bei ihm ab, denn er sorgt für euch" (1. Petrus 5,7; NGÜ). Das Ablegen ist eine vorsätzliche Handlung, will man ein Objekt an einen anderen Ort schaffen. Als Jesus am Palmsonntag nach Jerusalem reiten wollte, halfen ihm die Jünger bei der Vorbereitung: „Sie legten dem Tier ihre Mäntel auf den Rücken" (Lukas 19,35). Die Menschen in Jerusalem wiederum zogen ihre Mäntel aus und breiteten sie auf der Straße vor Jesus aus. Dieses „Ablegen" sollte auch Ihre erste Reaktion auf schlechte Nachrichten sein. Wenn Sie merken, dass Sorgen in Ihnen hochkommen, legen Sie sie vor Jesus ab. Tun Sie es unverzüglich und seien Sie dabei ganz konkret.

In einer Mathestunde, in der es gerade um Algebra ging, ist es mir in meiner Jugend ganz gut gelungen, „meine Probleme abzulegen". Wenn man mein Gehirn untersuchen würde, würde man feststellen, dass mir eine bestimmte Region fehlt: die Region, die für Algebra zuständig ist. Ich erinnere mich noch daran, wie ich in der Klasse sitze und verständnislos auf das Mathebuch schaue, als wäre es ein Roman, der in Mandarin geschrieben ist.

Glücklicherweise hatte ich einen wunderbaren geduldigen Lehrer. Er sprach die folgende Einladung aus und stand auch zu seinem Wort: „Wenn du ein Problem nicht lösen kannst, dann komm zu mir, und ich werde dir helfen."

Wenn Sie merken, dass Sorgen in Ihnen hochkommen, legen Sie sie vor Jesus ab. Tun Sie es unverzüglich und seien Sie dabei ganz konkret.

Ich lief in der Folgezeit zwischen seinem Tisch und meinem regelrecht einen Trampelpfad in den Fußboden. Jedes Mal, wenn ich eine Frage hatte, ging ich an seinen Tisch und erinnerte ihn: „Wissen Sie noch, wie Sie versprochen haben, mir zu helfen?" Wenn er Ja sagte, überkam mich sofort ein Gefühl der Dankbarkeit und Erleichterung. Ich hatte wohlgemerkt noch immer das Problem, doch ich hatte das Problem jemandem anvertraut, der wusste, wie man es löst.

Machen Sie es ebenso. Tragen Sie Ihr Problem zu Jesus und sagen Sie ihm: „Du hast gesagt, du würdest mir helfen. Hilfst du mir jetzt?"

Der alttestamentliche Prophet Jesaja sagte: „Ihr, die ihr den Herrn an seine Zusagen erinnert, gönnt euch keine Ruhepause" (Jesaja 62,6; NL). Gott sagte zu Jesaja: „Erinnere mich, lass uns miteinander rechten!" (Jesaja 43,26; LÜ). Gott lädt Sie ein – ja, er befiehlt Ihnen regelrecht –, ihn an seine Verheißungen zu erinnern. Versuchen Sie doch einmal, in Ihren Gebeten häufig „Du hast doch gesagt..." zu verwenden.

„Du hast doch gesagt, dass du mit mir durch tiefe Wasser gehst" (nachzulesen in Jesaja 43,2).

„Du hast doch gesagt, dass du bei mir bist, wenn es durch dunkle Täler geht" (nachzulesen in Psalm 23,4).

„Du hast doch gesagt, dass du mich nie im Stich lässt oder dich von mir abwendest" (nachzulesen in Hebräer 13,5).

Suchen Sie eine Verheißung, die zu Ihrem Problem passt, und formulieren Sie Ihr Gebet um sie herum. Diese vertrauensvollen Gebete berühren das Herz Gottes und setzen die Engel des Himmels in Bewegung. Wunder werden in Gang gebracht. Ihre Antwort kommt vielleicht nicht über Nacht, doch Sie werden eine Antwort erhalten. Und Ihre Herausforderung bewältigen.

„Hört nie auf zu beten und zu bitten!... Bleibt wach und bereit. Bittet Gott inständig für alle Christen" (Epheser 6,18).

Der Weg zum Frieden ist mit Gebeten gepflastert. Weniger Bestürzung, mehr Flehen. Weniger sorgenvolle Gedanken, mehr gebetserfüllte Gedanken. Während Sie beten, wird der Friede Gottes Ihr Herz und Ihre Gedanken bewahren. Und was gibt's letztlich Besseres?

TEIL 3

Geben Sie
Ihre Sorgen her

„... und dankt ihm.“

KAPITEL 7

Große Dankbarkeit

Wenn unsere Zufriedenheit auf dem Wissen gründet, was Jesus für uns getan hat, macht uns das zu starken Menschen.

Der breiteste Fluss der Welt ist weder der Mississippi noch der Amazonas oder der Nil. Der breiteste Fluss der Welt ist ein Gewässer namens Wenn-Nur.

Wahre Menschenmassen stehen an seinem Ufer und werfen sehnsüchtige Blicke übers Wasser. Sie wollen gern hinüber, denn sie sind davon überzeugt, dass der Fluss Wenn-Nur sie vom guten Leben trennt. Doch sie finden keine Fähre.

„Wenn ich nur dünner wäre, könnte ich ein gutes Leben führen."

„Wenn ich nur reicher wäre, könnte ich ein gutes Leben führen."

„Wenn ich nur endlich Kinder hätte. Wenn die Kinder nur endlich aus dem Haus wären. Wenn ich nur ausziehen, umziehen, heiraten, geschieden werden könnte."

„Wenn nur meine Haut nicht so mit Pickeln übersät wäre, mein Kalender nicht so mit Terminen gefüllt, meine Arbeitsstelle nicht von der Kündigungswelle bedroht wäre, dann würde ich ein gutes Leben führen."

Das ist der Fluss Wenn-Nur.

Stehen Sie gerade an seinem Ufer? Kommt es Ihnen so vor, als wäre ein gutes Leben bloß ein *Wenn nur* entfernt? Einen Einkauf weit entfernt? Eine Beförderung weit entfernt? Eine Wahl, Veränderung oder Affäre weit entfernt?

Wenn das auf Sie zutrifft, dann haben wir Ihre Sorge zu einer ihrer Quellen zurückverfolgt. Sie wollen den Fluss endlich überqueren und machen sich Gedanken darüber, dass Ihnen das niemals gelingen wird. Folglich arbeiten Sie lange, leihen sich mehr Geld, übernehmen neue Projekte und bürden sich mehr Verantwortung auf. Stress. Zweifel. Kurze Nächte. Lange Tage. Das ist eben der Preis für eine Fahrkarte ins Land des guten Lebens, nicht wahr?

Nicht so ganz, meint der Apostel Paulus. Das gute Leben beginnt nicht, wenn sich die Umstände ändern, sondern wenn sich unsere Haltung zu diesen Umständen ändert. Betrachten Sie erneut, welches Gegenmittel er gegen die Sorge empfiehlt: „Macht euch keine Sorgen! Ihr dürft in jeder Lage zu Gott beten. Sagt ihm, was euch fehlt, und dankt ihm! Dann wird Gottes Friede, der all unser Verstehen übersteigt, eure Herzen und Gedanken bewahren, weil ihr mit Jesus Christus verbunden seid" (Philipper 4,6–7).

Paulus hat zwei wichtige Wörter in diese Verse eingebettet, die der besonderen Aufmerksamkeit bedürfen: *dankt ihm*. Unter alle Ihre „Hilf mir"-, „Bitte gib mir"-, „Bitte zeig mir"-Sätze sollten drei wunderbare Wörter gemischt sein: „Ich danke dir."

Mit Dankbarkeit ist eine achtsame Wahrnehmung des Guten im eigenen Leben gemeint. Sie ist die größte unter den Tugenden. Untersuchungen haben ergeben, dass diese Emotion eine Vielzahl positiver Auswirkungen hat: Dankbare Menschen können sich besser in andere Menschen einfühlen und es fällt ihnen leichter zu vergeben. Menschen, die ein Dankbarkeitstagebuch führen, haben eher eine positive Sicht des Lebens. Dankbare Menschen sind weniger anfällig für Neid, Materialismus und Selbstbezogenheit. Dankbarkeit verbessert das Selbstwertgefühl und fördert Beziehungen, die Schlafqualität und Lebensdauer.[1] Wenn es sie in Tablettenform gäbe, würde Dankbarkeit wahrscheinlich als Wunderheilmittel gelten. Daher ist es nicht verwunderlich, dass zu Gottes Sorgentherapie ein köstlicher großer Schuss Dankbarkeit gehört.

Dankbarkeit führt uns weg vom Ufer des Wenn-Nur und begleitet uns in das fruchtbare Tal Bereits. Das von Sorgen erfüllte Herz sagt: „Herr, wenn ich nur dies, das oder das da hätte, ginge es mir gut." Das von Dankbarkeit erfüllte Herz sagt: „O sieh mal! Du hast mir dies, das und das da *bereits* gegeben. Ich danke dir, Gott."

Zu Gottes Sorgentherapie gehört ein köstlicher großer Schuss Dankbarkeit.

Mein Freund Jerry hat mich gelehrt, wie wichtig Dankbarkeit ist. Er ist siebenundachtzig Jahre alt und legt auf dem Golfplatz regelmäßig 87er-Runden hin. (Das würde mir nur gelingen, wenn ich hundert wäre.) Seine Frau Ginger leidet an Parkinson. Was ein wunderbarer Ruhestand hätte werden sollen, wurde durch viele Krankenhausaufenthalte, Medikamente und Probleme getrübt. An vielen Tagen gelingt es ihr kaum, ihr Gleichgewicht zu halten. Jerry muss ihr dann zur Seite stehen. Doch er beklagt sich nie. Er hat immer ein Lächeln und einen Scherz auf den Lippen. Und er besiegt mich ständig beim Golfspielen. Ich erkundigte mich bei Jerry nach seinem Geheimnis. Er entgegnete: „Jeden Morgen setzen Ginger und ich uns zusammen hin und singen ein Kirchenlied. Ich frage sie, was sie singen möchte. Sie sagt immer: Count your Blessings. Also singen wir es. Und dann zählen wir unsere Segensgeschenke."

Nehmen Sie sich einen Moment Zeit und folgen Sie Jerrys Beispiel. Betrachten Sie Ihre Segensgeschenke.

Sehen Sie da Freunde? Familie? Sehen Sie Situationen, in denen Gott Ihnen mit Gnade begegnet ist? Mit Liebe? Sehen Sie irgendwelche Gaben? Fähigkeiten oder Talente? Fertigkeiten?

Achten Sie einmal darauf, was passiert, wenn Sie Ihre Segensgeschenke betrachten: Die Sorge packt ihre Koffer und schlüpft zur Hintertür hinaus. Sorgen weigern sich, das Herz mit der Dankbarkeit zu teilen. Ein herzliches Dankeschön saugt den Sauerstoff aus der Welt der Sorge. Also sagen Sie oft Danke. Konzentrieren Sie sich mehr auf das, was Sie haben, und weniger auf das, was Sie nicht haben. Der Apostel Paulus hatte diese Einstellung ebenfalls entwickelt.

… ich habe gelernt, in jeder Lebenslage zufrieden zu sein. Ich weiß, was es heißt, sich einschränken zu müssen, und ich weiß, wie es ist, wenn alles im Überfluss zur Verfügung steht. Mit allem bin ich voll und ganz vertraut: satt zu sein und zu hungern, Überfluss zu haben und Entbehrungen zu ertragen. Nichts ist mir unmöglich, weil der, der bei mir ist, mich stark macht (Philipper 4,11–13; NGÜ).

Paulus' Lebensumstände sind erbärmlich: Er sitzt im Gefängnis. Unter ständiger Überwachung. Es besteht kein Grund zur

Hoffnung auf Freilassung. Doch der Apostel, dessen Glieder mit Ketten gefesselt waren, verkündet: „Mit allem bin ich voll und ganz vertraut."

Interessant ist, dass Paulus hier das Wort „vertraut" verwendet. Er sagt nicht: „Ich habe das *Prinzip* gelernt." Oder: „Ich habe das *Konzept* gelernt." Stattdessen schreibt er: „Mit allem bin ich voll und ganz *vertraut*", als sei es ein Geheimnis. Ein Geheimnis ist seiner Definition gemäß Wissen, das nicht allgemein bekannt ist. Es ist, als lade der Apostel uns ein, uns vorzubeugen, damit wir sein Flüstern vernehmen können: „Darf ich euch ein Geheimnis über die Freude verraten?"

Mit allem bin ich voll und ganz vertraut: satt zu sein und zu hungern, Überfluss zu haben und Entbehrungen zu ertragen (Vers 12; NGÜ).

Hängt Ihre Freude davon ab, welches Auto Sie fahren? Welche Kleidung Sie tragen? Wie viel am Ende des Monats auf Ihr Konto überwiesen wird? Mit welchen Parfüms Sie sich einsprühen? In diesem Fall stecken Sie im Hamsterrad namens Materialismus. Und Sie werden sich nicht vom Fleck bewegen! Es wird immer ein neueres Auto zu kaufen geben oder ein schöneres Kleid. Und weil man im Hamsterrad nicht vom Fleck kommt, entscheiden Sie sich im Grunde selbst dafür, ein Opfer der Sorge zu werden. Wenn Sie sich über Ihren Besitz definieren, werden Sie sich gut fühlen, wenn Sie viel besitzen, und Sie werden sich schlecht fühlen, wenn das nicht der Fall ist.

Dieser Kreislauf ist vorhersagbar. Sie nehmen an: *Wenn ich ein Auto bekomme, werde ich glücklich sein.* Sie bekommen das Auto, doch das Auto wird mit der Zeit langweilig. Sie versuchen,

Sorgen weigern sich, das
Herz mit der Dankbarkeit
zu teilen. Ein herzliches
Dankeschön saugt den
Sauerstoff aus der Welt der
Sorge.

sich anderweitig Freude zu verschaffen: *Wenn ich heirate, werde ich glücklich sein.* Also heiraten Sie, doch Ihr Partner wird Sie nicht auf Dauer glücklich machen. *Wenn wir ein Kind bekommen… Wenn ich die neue Arbeitsstelle bekomme… Wenn ich in Rente gehe…* In jedem Fall kommt Freude auf… und lässt wieder nach. Wenn Sie dann alt geworden sind, haben Sie eine Achterbahn von Hoffnungen und Enttäuschungen hinter sich. Das Leben hat Sie wiederholt enttäuscht, und Sie haben den Verdacht, dass es Sie erneut enttäuschen wird.

Wenn unsere Zufriedenheit von bestimmten Bedingungen abhängt, werden wir schließlich zu Menschen, die immer wieder verletzt werden und sich ständig Sorgen machen.

Paulus zeigt uns eine gesündere Strategie auf. Er hat gelernt, mit dem zufrieden zu sein, was er hat. Was bemerkenswert ist, da er so wenig hat: Er hat eine Gefängniszelle statt eines Hauses. Er hat vier Wände statt des Missionsfelds. Er hat Ketten statt Schmuck, einen Wächter statt einer Ehefrau. Wie kann er da zufrieden sein?

Wenn unsere Zufriedenheit von bestimmten Bedingungen abhängt, werden wir zu Menschen, die immer wieder verletzt werden und sich ständig Sorgen machen.

Ganz einfach. Er konzentriert sich auf eine andere Liste: Er hat ewiges Leben. Er hat die Liebe Gottes. Er hat die Vergebung seiner Schuld. Er hat Heilsgewissheit. Er hat Jesus Christus, und Jesus Christus ist alles, was er braucht. Was er hat, weil er zu Jesus gehört, ist weitaus bedeutender als das, was er im Leben nicht hat.

An seinem Brief an die Philipper können wir etwas Interessantes beobachten: In diesen 104 Versen erwähnt Paulus Jesus fast 40-mal. Im Durchschnitt spricht Paulus alle 2,5 Verse über

Jesus Christus. „Denn der Inhalt meines Lebens ist Christus, und deshalb ist Sterben für mich ein Gewinn" (Philipper 1,21; NGÜ).

Sein einziges Ziel ist es, Jesus zu kennen. Reichtum lockt ihn nicht. Beifall ist ihm egal. Die Aussicht auf einen frühen Tod schüchtert ihn nicht ein. Das Einzige, was er will, ist mehr von Jesus. Deshalb ist er auch zufrieden. Bei Jesus findet Paulus all die Zufriedenheit, die sein Herz begehrt.

Sie und ich können dasselbe lernen. Wenn unsere Zufriedenheit auf dem Wissen gründet, was Jesus für uns getan hat, macht uns das zu starken Menschen. Da uns das keiner nehmen kann, kann uns auch keiner die Freude nehmen.

Tod, Versagen, Verrat, Krankheit, Enttäuschung – sie können uns die Freude nicht nehmen, weil sie uns Jesus nicht nehmen können.

Kann der Tod uns die Freude rauben? Nein, Jesus ist mächtiger als der Tod.

Kann Versagen uns die Freude rauben? Nein, Jesus ist mächtiger als unsere Sünde.

Kann Verrat uns die Freude rauben? Nein, Jesus wird uns niemals verlassen.

Kann Krankheit uns die Freude rauben? Nein, Gott hat versprochen, uns zu heilen, sei es nun im Diesseits oder im Jenseits.

Kann Enttäuschung uns die Freude rauben? Nein, denn selbst wenn unsere Pläne scheitern, wissen wir, dass Gottes Plan gelingen wird. Tod, Versagen, Verrat, Krankheit, Enttäuschung – sie können uns die Freude nicht nehmen, weil sie uns Jesus nicht nehmen können.

Bitte unterstreichen Sie sich diesen Satz: Was Sie haben, weil Sie zu Jesus gehören, ist weitaus bedeutender als das, was Sie nicht haben. Sie haben Gott, der verrückt nach Ihnen ist, und die Mächte des Himmels, die Sie bewachen und beschützen. Sie haben die lebendige Gegenwart Jesu in sich. Weil Sie zu Jesus Christus gehören, haben Sie alles, was Sie brauchen.

Er kann Ihnen eine Freude schenken, die Ihnen niemals genommen werden kann, eine Gnade, die niemals aufhören wird, und eine Weisheit, die immer größer wird. Er ist eine Quelle lebendiger Hoffnung, die niemals versiegen wird.

Vor Jahren lebte ich auf einem Hausboot, das auf dem Miami River in Miami, Florida, vor Anker lag. Der Wasserstand des Flusses hob und senkte sich der Tide entsprechend; es schaukelte mit dem Verkehr auf dem Fluss hin und her. Doch obwohl sich der Wasserstand veränderte und das Boot schaukelte, trieb es doch nie ab. Warum? Weil das Boot sicher verankert war.

Wie steht es mit Ihnen?

Machen Sie den Anker Ihres Herzens im Wesen Gottes fest. Ihr Lebensboot wird schaukeln. Stimmungen werden kommen und gehen. Ereignisse werden eintreffen und vorübergehen. Aber werden Sie auf den Atlantik der Verzweiflung abtreiben? Nein, denn Sie haben eine Zufriedenheit gefunden, die dem Sturm standhält.

> Machen Sie den Anker Ihres Herzens im Wesen Gottes fest.

Nie wieder „wenn nur". Das ist die Petrischale, in der Sorgen gedeihen. Ersetzen Sie Ihr „wenn nur" durch „bereits". Richten Sie Ihren Blick auf das, was Sie bereits haben. Kurieren Sie jeden sorgenvollen Gedanken mit einem dankbaren, und bereiten Sie sich auf einen neuen Tag der Freude vor.

KAPITEL 8

Gottes Friede, Ihr Friede

*Sie befinden sich vielleicht
im perfekten Sturm, aber Jesus bietet Ihnen
den perfekten Frieden an.*

Wenn Seeleute ein äußerst seltenes Unwetterphänomen beschreiben, dem kein Seemann entkommen kann, bezeichnen sie es als einen perfekten Sturm. Nicht „perfekt" im Sinn von „ideal", sondern perfekt im Sinne der zahlreichen zusammenwirkenden Faktoren. Alle Elemente – ein orkanartiger Wind plus eine Kaltfront plus ein Wolkenbruch – wirken zusammen, um die unüberwindliche Katastrophe zu bilden. Die Winde allein wären bereits eine Herausforderung, aber die Winde plus die Kälte plus der Regen? Das perfekte Rezept für eine Katastrophe.

Man muss kein Fischer sein, um einen perfekten Sturm zu erleben. Man braucht nur eine Kündigung *plus* eine Wirtschaftskrise.

Eine Krankheit *plus* einen Arbeitsplatzwechsel. Ein Beziehungsende *plus* eine Studienplatzablehnung. Mit *einer* Herausforderung können wir umgehen... aber mit zwei oder drei gleichzeitig? Eine Welle nach der anderen, orkanartige Kräfte gefolgt von Gewitterstürmen? Das genügt, um uns vor die Frage zu stellen: *Werde ich das überstehen?*

Paulus' Antwort auf diese Frage ist tiefgründig und präzise: „Dann wird Gottes Friede, der all unser Verstehen übersteigt, eure Herzen und Gedanken bewahren, weil ihr mit Jesus Christus verbunden seid" (Philipper 4,7).

Wenn wir das tun, was in unserer Kraft steht (uns darüber freuen, dass wir zu Gott gehören, innerlich ruhig bleiben, für alles beten und uns eine dankbare Einstellung bewahren), tut Gott seinen Teil. Er schenkt uns seinen Frieden. Beachten Sie: Hier geht es nicht darum, dass wir Frieden *von* Gott bekommen. Unser Vater gibt uns seinen Frieden, den *Frieden Gottes selbst.* Er lädt gewissermaßen die Stille des Thronsaals in unsere Welt herunter, wodurch eine unerklärliche Ruhe entsteht. Wir sollten uns Sorgen machen, doch wir tun es nicht. Wir sollten aufgebracht sein, doch wir sind getröstet. Der Friede Gottes übersteigt jede Logik, jedes Planen und alle Bemühungen, ihn zu erklären.

Diese Art Friede ist keine menschliche Errungenschaft. Es ist ein Geschenk von oben. „Auch wenn ich nicht mehr da bin, wird doch der Friede bei euch bleiben. Ja, meinen Frieden gebe ich euch – einen Frieden, den euch niemand sonst auf der Welt geben kann. Deshalb seid nicht bestürzt und habt keine Angst!" (Johannes 14,27).

Jesus verspricht Ihnen seinen eigenen Frieden! Den Frieden, der sein Herz ruhig

Der Friede Gottes übersteigt jede Logik, jedes Planen und alle Bemühungen, ihn zu erklären.

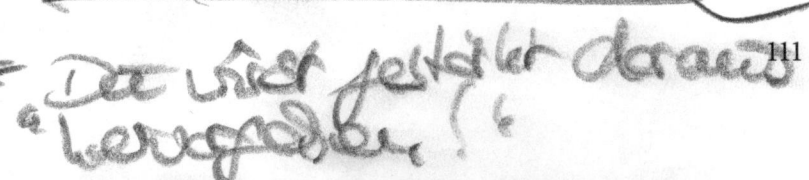

111

machte, als er zu Unrecht angeklagt wurde. Den Frieden, der seine Stimme fest machte, als er mit Pilatus sprach. Den Frieden, der dafür sorgte, dass seine Gedanken klar und sein Herz rein blieben, als er am Kreuz hing. Das war sein Friede. Und das kann auch Ihr Friede sein.

Dieser Friede wird „eure Herzen und Gedanken bewahren, weil ihr mit Jesus Christus verbunden seid" (Philipper 4,7).

Gott übernimmt die Verantwortung für die Herzen und die Gedanken derjenigen, die ihr Vertrauen auf Jesus setzen. Wenn wir ihn anbeten und zu ihm beten, baut er gewissermaßen eine Burg um unsere Herzen und unsere Gedanken, die uns vor den Angriffen des Teufels schützt. Wie es schon in dem alten Kirchenlied heißt:

> *Ein feste Burg ist unser Gott,*
> *ein gute Wehr und Waffen.*
> *Er hilft uns frei aus aller Not,*
> *die uns jetzt hat betroffen.*[1]

Martin Luther schrieb diese Worte Jahrhunderte, nachdem der Apostel Paulus seine Briefe geschrieben hatte. Doch hätte Paulus das Kirchenlied gehört, hätte er es sicher aus innigster Überzeugung gesungen. Er kannte den Frieden und den Schutz Gottes aus erster Hand. Tatsächlich hatte er beides gerade erst bei einem letzten wichtigen Ereignis in seinem Leben direkt vor seiner Gefangenschaft erfahren: bei einer Seereise von Cäsarea nach Rom.

Als er den Absatz „sorgt euch um nichts" niederschrieb, hatte er erst kurz zuvor einen Sturm auf dem Mittelmeer erlebt. Auf der letzten Reise, von der uns in der Apostelgeschichte berichtet wird, wurde Paulus in Cäsarea auf ein Schiff gebracht, das nach

Italien segeln sollte. Lukas reiste mit ihm, ebenso Aristarch, ein Mitchrist aus Thessalonich. Einige Gefangene waren ebenfalls auf dem Schiff, wahrscheinlich Verurteilte, die in die Arena nach Rom gebracht werden sollten. Das Schiff kam gut voran, bis sie Sidon erreichten. Beim nächsten Halt in Myra stiegen sie auf ein anderes Schiff um, ein großes ägyptisches Getreideschiff. Ungefähr dreißig Meter lang und mit einem Gewicht von mehr als tausend Tonnen waren diese Schiffe zwar stabil, aber so gebaut, dass sie nicht gut am Wind segeln konnten.[2]

Nur mit großer Mühe kamen sie bis in die Nähe von Knidos. Von dort aus segelten sie im Schutz der kretischen Küste nach Süden, bis sie einen Ort namens Guthafen erreichten, der ungefähr in der Mitte der Inselküste lag. Guthafen war auf den ersten Blick nicht „gut", der Hafen erhielt seinen Namen wohl von der Handelskammer, wie ich annehme, in der Hoffnung, dass dadurch das Geschäft belebt würde.

Die Seeleute wollten jedoch nicht in Guthafen bleiben. Sie wussten zwar, dass sie Rom nicht vor dem Winter erreichen würden, doch sie wollten lieber bis zum Hafen von Phönix reisen.

Paulus versuchte, sie davon abzubringen. Sie hätten durchaus guten Grund gehabt, auf ihn zu hören, denn Paulus waren Stürme auf See und Schiffbrüche nicht fremd (nachzulesen in 2. Korinther 11,25). Ein antikes Werk listete unter den Gefahren, die Seefahrern zu dieser Jahreszeit drohten, „spärliches Tageslicht, lange Nächte, dichte Wolkendecke, schlechte Sicht und doppelt so stark tobende Winde, Regengüsse und Schneeschauer" auf.[3] Er wusste, wie gefährlich eine Seereise im Winter war, und warnte nachdrücklich davor. Doch in den Augen des Kapitäns war Paulus einfach nur ein jüdischer Prediger. Daher lichteten sie die Anker und setzten die Segel, um einen besseren Hafen zu erreichen (nachzulesen in Apostelgeschichte 27,1–12).

„Doch plötzlich schlug das Wetter um, und ein Wind mit der Kraft eines Wirbelsturms (den man ‚Nordost‘ nennt) kam auf" (Vers 14; NL). Im griechischen Original steht an dieser Stelle das Wort *eurakylon*. Was für ein tolles Wort – eine Kombination aus dem griechischen Begriff *euros*, dem Ostwind, und dem lateinischen Wort *aquilo*, dem Nordwind.[4] Manche Übersetzungen bezeichnen diesen Wind daher nach dem, was er war: der Nordostwind.[5] Die Temperatur fiel schlagartig ab. Die Segel schlugen wild. Die Wellen schäumten. Die Seeleute hielten nach Land Ausschau und konnten es nicht entdecken. Sie sahen den Sturm und konnten ihm nicht entfliehen.

Die Bestandteile des perfekten Sturms kamen zusammen:

ein Meer im Winter,

ein fürchterlicher Wind,

ein schwerfälliges Boot,

eine ungeduldige Mannschaft.

Für sich genommen waren diese Elemente kontrollierbar, doch zusammen waren sie überwältigend. Also tat die Mannschaft, was in ihrer Macht stand. Sie zog das Rettungsboot an Bord und zurrte das Schiff fest. Sie senkte den Treibanker ab, warf die Ladung über Bord und die Ausrüstung ins Meer. Doch nichts half.

Vers 20 liest sich wie ein Todesurteil: „Tagelang sahen wir weder Sonne noch Sterne, und damit war keinerlei Orientierung möglich. Der Orkan tobte so heftig weiter, dass schließlich keiner mehr an eine Rettung glaubte."

Der perfekte Sturm forderte seinen Tribut.

Er hielt vierzehn Tage an (Vers 27)! Vierzehn Stunden würden Sie vermutlich schon erschüttern. (Vierzehn Minuten wären

_____

Der Friede, der dafür sorgte,

dass seine Gedanken klar und

sein Herz rein blieb, als er am

Kreuz hing – das war sein

Friede. Und das kann auch Ihr

Friede sein.

_____

mir persönlich schon genug!) Aber zwei Wochen lang Tage ohne Sonne und Nächte ohne Sterne? Vierzehn Tage Achterbahnfahrt, in den Himmel steigen und in die See eintauchen. Das Meer brauste, spritzte und grollte. Die Seeleute verloren ihren Appetit. Sie verloren allen Grund zur Hoffnung. Sie gaben auf. Und als sie aufgaben, meldete Paulus sich zu Wort.

Während dieser ganzen Zeit hatte niemand etwas gegessen. Da sagte Paulus zu der Schiffsbesatzung: „Ihr Männer! Es wäre besser gewesen, ihr hättet auf mich gehört und in Kreta überwintert. Dann wären uns allen diese Gefahren und Schwierigkeiten erspart geblieben. Doch jetzt bitte ich euch eindringlich: Gebt nicht auf! Keiner von uns wird umkommen, nur das Schiff ist verloren" (Verse 21–22).

Was für ein Gegensatz: Die Seefahrer, die wussten, wie man durch die Stürme segelt, gaben die Hoffnung auf. Doch Paulus, ein Prediger, der vermutlich sehr wenig übers Segeln wusste, sprach Mut zu. Was wusste er, das sie nicht wussten?

Oder besser gefragt: Was sagte er, das Sie hören müssen? Wird Ihr Leben gerade von einem Nordostwind durchgeschüttelt? Wie die Seeleute haben Sie alles getan, um zu überleben: Sie haben das Schiff festgezurrt, den Anker abgesenkt. Sie haben sich mit der Bank beraten, Ihre Ernährung umgestellt, die Rechtsanwälte angerufen, Ihren Vorgesetzten informiert, Ihren Haushaltsplan zusammengestrichen. Sie sind zur Seelsorge, in die Reha oder in die Therapie gegangen. Doch die See tobt und schäumt zornig. Bedrängt Furcht Sie von allen Seiten? Dann lassen Sie Gott zu Ihnen sprechen. Lassen Sie Gott Ihnen das geben, was er den Seeleuten gab: perfekten Frieden.

Paulus begann seine Rede mit einer Zurechtweisung: „Ihr Männer! Es wäre besser gewesen, ihr hättet auf mich gehört."

Wir mögen es gar nicht, zurechtgewiesen, korrigiert oder bestraft zu werden. Doch wenn wir Gottes Warnungen missachten, ist Schelte angebracht.

Bedrängt Furcht Sie von allen Seiten? Dann lassen Sie Gott zu Ihnen sprechen.

Haben Sie das getan? Befinden Sie sich in einem Sturm der Sorge, weil Sie nicht auf Gott gehört haben? Er hat Ihnen zu verstehen gegeben, dass außerehelicher Sex Ihr Leben und Ihre Ehe durcheinanderbringen würde, doch Sie haben nicht darauf gehört. Er hat Ihnen zu verstehen gegeben, dass der Borger ein Sklave des Verleihers ist, doch Sie sind das Risiko trotzdem eingegangen. Er hat Ihnen zu verstehen gegeben, dass Sie Ihren Partner lieben und Ihre Kinder hegen und pflegen sollen, doch Sie lieben Ihre Karriere und hegen und pflegen Ihre Laster. Er warnte Sie vor den falschen Leuten und den starken alkoholischen Getränken und den langen Stunden im Büro. Doch Sie hörten nicht auf ihn. Und jetzt stecken Sie in einem Sturm, den Sie selbst heraufbeschworen haben.

Wenn das Ihre Lage beschreibt, dann nehmen Sie Gottes Zurechtweisung an. Er korrigiert diejenigen, die er liebt, und er liebt Sie. Also geben Sie den Fehler zu. Bekennen Sie Ihre Schuld, und beschließen Sie, es besser zu machen. Seien Sie nächstes Mal klüger. Lernen Sie aus Ihrer falschen Entscheidung. Aber verzweifeln Sie nicht. Diese Geschichte enthält zwar eine Zurechtweisung, doch sie enthält auch drei Verheißungen, die uns mitten in einem Sturm Frieden geben können.

Der Himmel hat Helfer, die Ihnen helfen werden. Paulus sagte: „In der letzten Nacht stand neben mir ein Engel" (Vers 23). In einem tosenden Sturm an Bord eines sinkenden Schiffs empfing

Paulus einen himmlischen Besucher. Ein Engel kam und stellte sich neben ihn. Und Engel kommen noch immer und helfen uns. Neulich nach einem Gottesdienst kam eines unserer Kirchenmitglieder bei der Verabschiedung zu mir. In ihren Augen standen Tränen und Staunen geschrieben, als sie sagte: „Ich habe Ihren Engel gesehen."

„Wirklich?"

„Ja, er stand neben Ihnen, als Sie predigten."

Mich tröstet dieser Gedanke. Ich finde auch viele Bibelstellen, die das belegen. „Alle Engel sind nur Wesen aus der himmlischen Welt, die Gott dienen. Er sendet sie aus, damit sie allen helfen, denen er Rettung schenken will" (Hebräer 1,14).

Der Prophet Daniel erfuhr ebenfalls die Unterstützung von Engeln. Er war beunruhigt und beschloss zu beten. Nach drei Wochen (so viel zu einmaligem Beten) sah Daniel „einen Mann, der ein weißes Leinengewand mit einem Gürtel aus feinstem Gold trug. Sein Leib funkelte wie ein Edelstein, sein Gesicht leuchtete wie ein Blitz, und die Augen glichen brennenden Fackeln. Die Arme und Beine schimmerten wie polierte Bronze, und seine Stimme war so laut wie die Rufe einer großen Menschenmenge" (Daniel 10,5–6).

Daniel war so überwältigt, dass er zu Boden fiel. Der Engel sagte:

„Hab keine Angst!", ermutigte er mich. „Du wolltest gern erkennen, was Gott tun will, und hast dich vor ihm gedemütigt. Schon an dem Tag, als du anfingst zu beten, hat er dich erhört. Darum bin ich nun zu dir gekommen. Aber der Engelfürst des Perserreichs stellte sich mir entgegen und hielt mich einundzwanzig Tage lang auf. Doch dann kam mir Michael

zu Hilfe, einer der höchsten Engelfürsten. Ihm konnte ich den Kampf gegen den Engelfürsten der Perser überlassen" (Verse 12–14).

Im selben Augenblick, als Daniel zu beten begann, wurde die Antwort schon losgeschickt. Doch dämonische Kräfte stellten sich dem Engel in den Weg. Die Pattsituation blieb ganze drei Wochen bestehen, bis der Erzengel Michael mit seiner überragenden Autorität auf den Plan trat. Die Pattsituation war beendet und das Gebet wurde beantwortet.

Trafen Ihre Gebete auf einen schweigenden Himmel? Haben Sie gebetet und nichts gehört? Kämpfen Sie sich gerade durch das Land zwischen dem Gebet und seiner Antwort?

Wenn ja, dann bitte ich Sie: Geben Sie nicht auf. Was der Engel zu Daniel sagte, sagt Gott auch zu Ihnen: „Du wolltest gern erkennen, was Gott tun will, und hast dich vor ihm gedemütigt. Schon an dem Tag, als du anfingst zu beten, hat er dich erhört. Darum bin ich nun zu dir gekommen" (Daniel 10,12). Man hat Sie im Himmel gehört. Armeen von Engeln wurden entsandt. Die Verstärkung steht schon bereit. Gott verspricht: „Wer dich angreift, den greife ich an!" (Jesaja 49,25).

Tun Sie, was Daniel tat: Halten Sie an Gott fest und beten Sie weiter.

Aber alle, die ihre Hoffnung auf den Herrn setzen, bekommen neue Kraft. Sie sind wie Adler, denen mächtige Schwingen wachsen. Sie gehen und werden nicht müde, sie laufen und sind nicht erschöpft (Jesaja 40,31).

Ein Engel beschützte Schadrach, Meschach und Abed-Nego im glühenden Ofen (Daniel 3,23–26). Sie können auch Sie beschützen.

Ein Engel geleitete Petrus aus dem Gefängnis (Apostelgeschichte 12,5–9). Sie können auch Sie aus Ihrer Gefangenschaft führen.

„Denn Gott wird dir seine Engel schicken, um dich zu beschützen, wohin du auch gehst" (Psalm 91,11). Der Himmel hält Helfer für Sie bereit.

Und:

Der Himmel hält einen Platz für Sie bereit. Paulus wusste auch das. „In der letzten Nacht stand neben mir ein Engel des Gottes, dem ich gehöre und dem ich diene" (Apostelgeschichte 27,23).

Wenn Eltern ihre Kinder in ein Ferienlager schicken, müssen sie zuvor einige Dokumente unterschreiben. In einem Dokument geht es um die Frage, wer die Verantwortung übernimmt. Wenn Max sich seinen Arm bricht oder Emma die Masern bekommt, wer ist dann verantwortlich? Hoffentlich sind Mama und Papa bereit, dieses Formular zu unterschreiben.

Gott *hat* unterschrieben. Als Sie ihm Ihr Leben anvertraut haben, hat er Verantwortung für Sie übernommen. Er garantiert Ihnen, dass Sie Ihren endgültigen Heimathafen einmal ganz sicher erreichen werden. Aber das ist noch nicht alles:

Sie sind sein Schaf; er ist Ihr Hirte: „Ich aber bin der gute Hirte und kenne meine Schafe, und sie kennen mich" (Johannes 10,14).

Sie sind seine Braut; er ist Ihr Bräutigam. Die Kirche wird „festlich geschmückt wie eine Braut für ihren Bräutigam" (Offenbarung 21,2).

Sie sind sein Kind; er ist Ihr Vater. „Ihr seid also nicht länger Gefangene des Gesetzes, sondern Söhne und Töchter Gottes. Und als Kinder Gottes seid ihr auch seine Erben, euch gehört alles, was Gott versprochen hat" (Galater 4,7).

Auch wenn der Sturm noch so schlimm tobt, können Sie Frieden haben, denn Sie sind nicht allein, Sie gehören zu Gott, und:

Sie stehen im Dienst des Herrn. „In der letzten Nacht stand neben mir ein Engel des Gottes, dem ich gehöre und dem ich diene" (Apostelgeschichte 27,23).

Gott hatte Paulus einen Auftrag gegeben: „Bringe das Evangelium nach Rom." Paulus war noch nicht in Rom angekommen, also war Gott noch nicht fertig mit ihm. Und da Gott mit ihm noch nicht fertig war, wusste Paulus, dass er überleben würde.

Die meisten von uns werden nicht so klare Botschaften erhalten wie Paulus. Doch Gott hat uns die Zusicherung gegeben, dass wir nicht einen Tag weniger leben werden, als wir leben sollen. Wenn Gott eine Aufgabe für Sie hat, wird er Sie am Leben erhalten, damit Sie sie auch erledigen können. „Alle Tage meines Lebens hast du in dein Buch geschrieben – noch bevor einer von ihnen begann!" (Psalm 139,16).

Kein Leben ist zu kurz oder zu lang. Sie werden Ihre festgesetzte Zahl von Tagen leben. Sie können vielleicht etwas an der Qualität Ihrer Tage ändern, aber nicht an der Quantität.

Ich will damit nicht sagen, dass Sie zukünftig keine Probleme mehr haben werden. Eher das Gegenteil. Paulus hatte sein Päckchen zu tragen und Sie werden Ihres tragen müssen. Schauen Sie sich Vers 22 an: „Doch jetzt bitte ich euch eindringlich: Gebt nicht auf! Keiner von uns wird umkommen, nur das Schiff ist verloren" (Apostelgeschichte 27,22).

Es ist nicht leicht, das eigene „Schiff" zu verlieren. Ihr Schiff ist das Fahrzeug, das Sie trägt, erhält, schützt und unterstützt. Ihr „Boot" ist Ihre Ehe, Ihr Körper, Ihr Geschäft. Weil Sie dieses Boot haben, sind Sie bisher nicht untergegangen. Aber jetzt, ohne Ihr Boot, sind Sie fest davon überzeugt, dass Sie sinken werden. Und Sie haben recht. Das werden Sie auch, zumindest für eine gewisse Zeit. Wellen werden über Sie hinwegschwappen. Die Angst wird Sie hinunterziehen wie eine reißende Flut. Aber verlieren Sie nicht den Mut, sagt Paulus. Verlieren Sie nicht den Mut, sagt auch Jesus: „In der Welt werdet ihr hart bedrängt, aber lasst euch nicht entmutigen: Ich habe diese Welt besiegt" (Johannes 16,33).

Selbst wenn Sie alles verlieren, werden Sie entdecken dürfen, dass Sie doch nicht alles verloren haben. *Gott* ist immer da.

Gott hat Ihnen nie ein Leben ohne Stürme versprochen. Doch er hat versprochen, da zu sein, wenn Sie mit ihnen konfrontiert werden. Denken Sie an das bezwingende Zeugnis von Joschafat. Dieser bestieg den Thron im Alter von fünfunddreißig Jahren und regierte fünfundzwanzig Jahre lang.

Nach dem 2. Buch der Chronik schlossen sich die Moabiter mit den umliegenden Nationen zu einem großen und mächtigen Heer zusammen und rückten gegen Joschafat vor (nachzulesen in 2. Chronik 20). Es war die militärische Version eines perfekten Sturms. Die Juden konnten es mit einer Armee aufnehmen. Doch wenn eine Armee sich mit einer anderen verbündet und diese beiden sich mit einer dritten vereinigen? Das war mehr, als der König schaffen konnte.

Joschafats Antwort verdient einen Platz im Lehrbuch zum richtigen Umgang mit Sorgen: „Er wandte sich an den Herrn um Hilfe" (2. Chronik 20,3). Er „rief ganz Juda zum Fasten auf"

(Vers 3). Dann wandte er sich im Gebet an Gott (Verse 6–12). Er bekannte: „Wir selbst können nichts ausrichten ... Wir sehen keinen Ausweg mehr, doch wir vertrauen auf dich" (Vers 12).

Gott antwortete mit der folgenden Botschaft: „Habt keine Angst! Fürchtet euch nicht vor diesem großen Heer! Ich werde gegen sie kämpfen, nicht ihr" (Vers 15).

Joschafat vertraute so fest auf das, was Gott ihm versprochen hatte, dass er die bemerkenswerte Entscheidung traf, mit Sängern in der ersten Reihe in die Schlacht zu ziehen. Ich bin mir sicher, dass die Leute, die sich für den Chor gemeldet hatten, sich niemals hätten vorstellen können, dass sie einmal die Armee anführen würden. Doch Joschafat wusste, dass hier in Wirklichkeit eine geistliche Schlacht stattfand, deshalb führte er diese mit Anbetung und Anbetern. Als sein Heer das Schlachtfeld erreichte, war die Schlacht bereits vorüber. Die Feinde hatten sich gegeneinander gewandt und die Hebräer mussten kein einziges Schwert zücken (Verse 21–24).

Lernen Sie von diesem König eine wichtige Lektion: Führen Sie mit Anbetung. Wenden Sie sich zuerst mit Gebet und Lobpreis an Ihren Vater. Erzählen Sie ihm von Ihren Ängsten. Treffen Sie sich mit anderen Menschen, die zu ihm gehören. Heben Sie den Blick zu Gott. Schnell. Rufen Sie um Hilfe. Gestehen Sie Ihre Schwachheit ein. Und dann, wenn Gott aktiv wird, werden auch Sie aktiv. Vertrauen Sie darauf, dass der ewige Gott für Sie kämpfen wird. Er ist Ihnen nahe, so nahe wie Ihr nächster Atemzug.

Noah Drew kann ein Lied davon singen. Er war erst zwei Jahre alt, als er erlebte, dass Jesus bei ihm war und ihn beschützte.

Vertrauen Sie darauf, dass der ewige Gott für Sie kämpfen wird. Er ist Ihnen nahe, so nahe wie Ihr nächster Atemzug.

Familie Drew fuhr die kurze Strecke von ihrem Haus zu einem Schwimmbad, das sich in der Nähe befand, mit dem Wagen. Leigh Anna, die Mutter, fuhr jedoch so langsam, dass die automatische Verriegelung der Türen nicht aktiviert wurde. Noah öffnete seine Tür und fiel hinaus. Der Wagen machte einen kleinen Satz, als wäre er über eine Bodenunebenheit gefahren, und Leigh Anna machte eine Vollbremsung. Ihr Ehemann Ben sprang aus dem Auto und fand Noah auf der Fahrbahn. „Er lebt!", rief er und hob seinen Sohn auf den Sitz. Noahs Beine waren voller Blut und er zitterte stark. Leigh Anna eilte auf den Beifahrersitz und hielt Noah auf ihrem Schoß, während Ben zur Notaufnahme fuhr.

Es war unglaublich: Die Untersuchungen ergaben, dass keiner seiner Knochen gebrochen war. Ein Fahrzeug, das mehr als zwei Tonnen wog, war über seine Beine gerollt, und doch hatte Noah nur Schnitte und Schrammen zurückbehalten.

Später an diesem Abend fiel Leigh Anna auf ihre Knie und dankte Jesus dafür, dass er ihren Sohn bewahrt hatte. Dann legte sie sich neben ihm aufs Bett. Er schlief schon; jedenfalls dachte sie das. Als sie in der Dunkelheit neben ihm lag, sagte er plötzlich: „Mama, Jesus hat mich aufgefangen."

Sie entgegnete: „Wirklich?"

„Ich sagte Danke zu Jesus, und er sagte: Gern geschehen", erwiderte Noah.

Am nächsten Tag erzählte er weitere Einzelheiten. „Mama, Jesus hat braune Hände. Er hat mich so gefangen." Er streckte die Arme aus und hielt seine kleinen Hände, als wollte er Wasser schöpfen. Am darauffolgenden Tag erzählte er, dass Jesus braunes Haar hatte. Als sie ihn nach weiteren Informationen fragte, meinte er unbekümmert: „Das ist alles." Und als er an diesem

Abend seine Gebete sprach, sagte er: „Danke, Jesus, dass du mich aufgefangen hast."[6]

Nordostwinde hauen die stärksten von uns um. Gegenwinde. Über uns hereinbrechende Wellen. Sie werden mit Sicherheit auftreten. Aber Jesus fängt seine Kinder trotzdem auf. Er streckt noch immer seine Arme nach uns aus. Er sendet noch immer seine Engel. Weil Sie zu ihm gehören, können Sie Frieden erfahren, auch wenn der Sturm um Sie tobt. Derselbe Jesus, der den Engel zu Paulus sandte, sendet Ihnen diese Botschaft: „Wenn du durch tiefes Wasser oder reißende Ströme gehen musst – ich bin bei dir" (Jesaja 43,2). Sie befinden sich vielleicht gerade im perfekten Sturm, aber Jesus bietet Ihnen seinen perfekten Frieden an.

TEIL 4

Erinnern Sie sich an die guten Dinge

„Beschäftigt euch mit den Dingen, die ... Lob verdienen."

KAPITEL 9

Denken Sie darüber nach, worüber Sie nachdenken

*Nicht Ihr Problem ist Ihr Problem,
sondern Ihre Haltung dazu.*

In ihren nur dreizehn Lebensjahren hat Rebecca Taylor bislang mehr als fünfundfünfzig Operationen und medizinische Behandlungen über sich ergehen lassen und hat fast tausend Tage im Krankenhaus gelegen.

Christyn, Rebeccas Mutter, spricht über die gesundheitlichen Probleme ihrer Tochter mit der Mühelosigkeit eines Chirurgen. Das Vokabular der meisten Mütter beinhaltet Phrasen wie „Mensa-Essen", „Pyjamaparty" und „zu viel Zeit am Handy". Christyn kennt diese Sprache, doch sie beherrscht auch fließend Begriffe wie „Blutzellen", „Stents" und – erst seit Kurzem – „Schlaganfall".

In ihrem Blog schrieb sie:

Die neue Tretmine der vergangenen Woche war die Aussage „möglicherweise ein Schlaganfall", ein Ausdruck, den ich Dutzende Male von zahlreichen Ärzten gehört habe. Wieder und wieder schwirrte dieser Begriff in meinem Kopf herum. Das hat mich emotional gelähmt.

Am letzten Sonntag begann unser Prediger, Max Lucado, eine Predigtreihe über die Sorge, die sehr gut dazu passt. Wir sahen uns erneut den bekannten Vers aus Philipper 4,6 (ELB) an: „Seid um nichts besorgt, sondern in allem sollen durch Gebet und Flehen mit Danksagung eure Anliegen vor Gott kundwerden."

Ich brachte meine Bitten vor den Herrn, wie ich es so viele Male zuvor getan hatte, doch dieses Mal, DIESES Mal, brauchte ich mehr. Und so ließ ich mich von Philipper 4,8–9 (ELB) führen und fand meine Antwort:

„Übrigens, Brüder, alles, was wahr... ist..." Was war in genau diesem Moment eine Tatsache in meinem Leben? Das Segensgeschenk, dass alle Familienmitglieder zusammen zu Abend essen.

„Alles, was ehrbar... ist". Das Segensgeschenk, sich außerhalb eines Krankenhauszimmers daran erfreuen zu können, dass wir alle zusammen waren.

„Alles, was gerecht... ist". Das Segensgeschenk, täglich meine beiden Söhne um mich zu haben.

„Alles, was rein... ist". Das Segensgeschenk, wie alle drei Kinder lachen und miteinander spielen.

„Alles, was liebenswert... ist". Das Segensgeschenk, Rebecca nachts friedlich in ihrem Bett schlafen zu sehen.

„Alles, was wohllautend ist". Das Segensgeschenk eines fähigen Teams, das Rebeccas Behandlung durchführte.

„Wenn es irgendeine Tugend ... gibt". Das Segensgeschenk, wenn man sieht, wie ein Wunder geschieht.

„Wenn es irgendein Lob gibt ..." Das Segensgeschenk, einen Gott anzubeten, der es wert ist, angebetet und gelobt zu werden.

„... das erwägt!"

Und genau das tat ich. Indem ich intensiv über diese Dinge nachdachte, sorgte ich dafür, dass der gefürchtete Begriff „Schlaganfall" nicht länger die Freude aus meinem Leben saugen konnte. Er war nun machtlos und konnte nicht länger Sorgen in mein Leben hineintragen. Und als ich über die zahlreichen Segensgeschenke in meinem Leben nachdachte, die mir GENAU IN DIESEM MOMENT zur Verfügung standen, da bewahrte TATSÄCHLICH „der Friede Gottes, der allen Verstand übersteigt", mein Herz und meine Gedanken in Christus Jesus. Ein wahres, unerwartetes Wunder. Ich danke dir, Herr.[1]

Haben Sie bemerkt, was Christyn getan hat? Das Wort „Schlaganfall" schwebte über ihrem Leben wie eine Gewitterwolke. Doch sie verhinderte, dass dieser gefürchtete Ausdruck die Freude aus ihrem Leben saugte. Das tat sie mithilfe von Gedankenmanagement. Wahrscheinlich wissen Sie das schon, doch falls nicht, dann freue ich mich sehr, Ihnen eine gute Nachricht zu überbringen: Sie können sich aussuchen, worüber Sie nachdenken.

Ihren Geburtsort oder Ihr Geburtsdatum haben Sie sich nicht ausgesucht. Sie haben sich auch Ihre Eltern oder Geschwister nicht ausgewählt. Sie haben auch keinen Einfluss auf das Wetter oder die Menge an Salz im Ozean. Es gibt viele Dinge im Leben, bei denen Sie keine Entscheidungsfreiheit haben. Doch die wichtigste Aktivität des Lebens haben Sie in der Hand: Sie können aussuchen, worüber Sie nachdenken.

Sie können der Fluglotse Ihres geistigen Flughafens sein. Sie sitzen im Flugverkehrskontrollturm und können den geistigen Verkehr in Ihrer Welt steuern. Gedanken kreisen dort oben am Himmel, sie kommen und gehen. Wenn einer von ihnen landet, dann nur, weil Sie ihm die Erlaubnis dazu gegeben haben. Wenn er wieder abhebt, dann nur, weil Sie ihn dazu angewiesen haben. Sie können sich Ihre Denkmuster aussuchen.

Sie können der Fluglotse Ihres geistigen Flughafens sein. Sie sitzen im Flugverkehrskontrollturm und können den geistigen Verkehr in Ihrer Welt steuern.

Aus diesem Grund werden wir auch in den Sprüchen dazu aufgefordert: „Achte auf deine Gedanken, denn sie entscheiden über dein Leben!" (Sprüche 4,23). Möchten Sie morgen glücklich sein? Dann säen Sie heute Glückssamen aus. (Zählen Sie Ihre Segensgeschenke. Lernen Sie Bibelverse auswendig. Beten Sie. Singen Sie Kirchenlieder. Verbringen Sie Zeit mit Menschen, die Sie immer wieder ermutigen.) Möchten Sie dafür sorgen, dass Sie morgen Trübsal blasen? Dann suhlen Sie sich heute in einer geistigen Schlammgrube aus Selbstmitleid oder Schuld oder Sorge. (Erwarten Sie das Schlimmste. Machen Sie sich selbst fertig. Wiederholen Sie in Gedanken immer wieder all die Dinge, die Sie bedauern. Jammern Sie in der Gegenwart von anderen Jammernden.) Gedanken haben Konsequenzen.

Wenn Sie möchten, dass Ihr Leben nicht länger von Sorgen gezeichnet ist, müssen Sie heilsame Gedanken denken. Nicht Ihre Herausforderung ist die Herausforderung, vor der Sie stehen. Die Art und Weise, wie Sie über Ihre Herausforderung denken, ist die eigentliche Herausforderung. Nicht Ihr Problem ist Ihr Problem, sondern Ihre Haltung dazu.

Und der Satan weiß das. Der Teufel versucht immer wieder, unsere Gedanken zu verwirren. Er füllt unsere Denk-Himmel mit „Flugzeugen", die nichts geladen haben außer Angst und Sorgen. Und er tut sein Bestes, um uns davon zu überzeugen, sie landen zu lassen und ihre stinkende Fracht in unsere Gedanken zu entladen. Er kommt wie ein Dieb, „um zu stehlen, zu schlachten und zu vernichten" (Johannes 10,10). Er sorgt dafür, dass wir alles in den düstersten Farben sehen. Als er mit Hiob fertig war, war dieser krank und allein. Als er sein Werk an Judas vollendet hatte, war der Jünger am Leben verzweifelt. Der Teufel ist für die Hoffnung, was Termiten für eine Eiche sind; er frisst sie von innen auf.

Er wird Sie an einen Ort führen, an dem die Sonne nicht scheint, und wird Sie dort zurücklassen. Er wird versuchen, Sie davon zu überzeugen, dass diese Welt kein Fenster hat, keinen Zugang zum Licht. Übertriebene, überzeichnete, überhöhte, irrationale Gedanken sind eine Spezialität des Teufels.

Niemand wird mich jemals lieben.

Das war's jetzt für mich.

Alle sind gegen mich.

Ich werde niemals Gewicht verlieren, aus den Schulden herauskommen oder Freunde haben.

Was für düstere, monströse Lügen! Kein Problem ist unlösbar. Kein Leben ist für immer verloren. Niemandes Schicksal ist für immer besiegelt. Niemand ist völlig ungeliebt oder absolut nicht liebenswert. Doch Satan will, dass wir genau das über uns denken. Er will uns in einem Schwarm von Sorgen, in negativen Gedanken zurücklassen.

————————————

Kein Problem ist unlösbar.

Kein Leben ist für immer

verloren. Niemandes Schicksal

ist für immer besiegelt.

Niemand ist völlig ungeliebt

oder absolut nicht liebenswert.

————————————

Satan ist der Meister des Betrugs. Doch er ist nicht der Meister Ihres Denkens. Ihnen steht eine Kraft zur Verfügung, gegen die er nicht ankommt: Sie haben Gott auf Ihrer Seite.

Also: „… orientiert euch an dem, was wahrhaftig, vorbildlich und gerecht, was redlich und liebenswert ist und einen guten Ruf hat. Beschäftigt euch mit den Dingen, die auch bei euren Mitmenschen als Tugend gelten und Lob verdienen" (Philipper 4,8). Die Umschrift des griechischen Wortes, das hier mit „orientiert … an" wiedergegeben ist, lautet *logizomai*. Fällt Ihnen auf, dass in diesem Begriff die Wurzel eines deutschen Wortes steckt? Ja: Logik. Paulus' Argument ist einfach: Der Sorge begegnet man am besten mit klarem logischen Denken.

Unsere wertvollste Waffe gegen das Sorgen wiegt mehr als ein Kilo und sitzt zwischen unseren Ohren. Denken Sie also nach, worüber Sie nachdenken!

Und das könnte so aussehen: Sie erhalten einen Anruf Ihres Arztes. Die Botschaft ist simpel und unerfreulich: „Ich habe mir Ihre Untersuchungsergebnisse nochmals angesehen und möchte, dass Sie zu einem Termin in die Sprechstunde kommen."

So schnell, wie Sie „o-oh" sagen können, haben Sie die Wahl: Sorge oder Vertrauen.

Die Sorge sagt:

„Ich hab ein Problem. Warum lässt Gott zu, dass mir so schlimme Dinge geschehen? Werde ich bestraft? Ich muss etwas falsch gemacht haben."

„So etwas geht nie gut. Meine Familie hat eine lange tragische Geschichte mit dieser Erkrankung. Jetzt bin ich dran. Wahrscheinlich habe ich Krebs, Arthritis, Gelbsucht. Werde ich mein Augenlicht verlieren? In letzter Zeit habe ich nur unscharf gesehen. Ist das ein Indiz dafür, dass ich einen Hirntumor habe?"

„Wer wird die Kinder großziehen, wenn ich nicht mehr da bin? Wer wird die Arztrechnungen bezahlen? Ich werde arm und einsam sterben. Ich bin zu jung, um eine solche Tragödie zu erleben! Niemand kann mich verstehen oder mir helfen."

Wenn Sie nicht bereits krank waren, werden Sie es sein, wenn Sie die Praxis betreten. „Sorgen drücken einen Menschen nieder" (Sprüche 12,25).

Doch es gibt einen besseren Weg.

Noch bevor Sie Ihre Mutter, Ihren Ehepartner, Nachbarn oder Ihre Freundin anrufen, sollten Sie Gott anrufen. Laden Sie ihn dazu ein, sich um das Problem zu kümmern. „Alles menschliche Denken nehmen wir gefangen und unterstellen es Christus, dem es gehorchen muss" (2. Korinther 10,5). Legen Sie dem Übeltäter Handschellen an und befördern Sie ihn vor den Einen, der alle Autorität besitzt: Jesus Christus.

„Jesus, dieser sorgenvolle, negative Gedanke hat sich gerade wie ein Wurm in mein Denken gefressen. Ist der von dir?"

Jesus, der nichts als die Wahrheit spricht, sagt vermutlich: „Nein, geh weg von hier, Satan." Und da Sie ein scharfsichtiger, besonnener Fluglotse Ihres Denkens sind, werden Sie nicht zulassen, dass der Gedanke bei Ihnen landen kann.

Nehmen Sie jede biblische Verheißung für sich in Anspruch, an die Sie sich erinnern können, und bemühen Sie sich, weitere zu lernen. Greifen Sie nach diesen Rettungsringen! Überlassen Sie nichts dem Satan. Heißen Sie seine Lügen nicht willkommen.

„Bindet den Gürtel der Wahrheit um eure Hüften" (Epheser 6,14; NGÜ). Widerstehen Sie dem Drang, zu übertreiben, überzubewerten oder sich das Schlimmste auszumalen. Konzentrieren Sie sich einzig und allein auf die Fakten. Fakt ist, der Arzt hat angerufen. Fakt ist, seine Neuigkeiten werden gut oder schlecht sein.

Nach dem, was Sie bisher wissen, könnte es sein, dass er Ihnen erklären wird, dass Sie kerngesund sind. Alles, was Sie tun können, ist, beten und vertrauen.

Also werden Sie genau das tun. Und wenn Sie die Praxis betreten, dann tragen Sie nicht die Last von Sorgen mit sich herum, sondern werden von diesem Vertrauen beflügelt.

Was davon ist Ihnen lieber?

Als ich am vergangenen Wochenende dieses Buch überarbeitete, unterzog ich dieses Kapitel einem Praxistext. Wir hatten einen Anruf erhalten, dass es dem Vater meiner Frau nicht gut ging. Er war seit einigen Monaten krank. Er leidet an Herzinsuffizienz und fortschreitender Demenz. Er ist dreiundachtzig Jahre alt. Seine Frau ist vor einigen Monaten heimgegangen und seither ging es mit ihm stetig bergab.

Sein Kardiologe teilte uns mit, dass sein Herz wohl nur noch einige wenige Wochen durchhalten wird. Er lebte in einer Einrichtung für betreutes Wohnen, ungefähr fünf Stunden von uns entfernt, und Denalyn hatte den Eindruck, dass wir ihn zu uns holen sollten. Wir fuhren dorthin, um die Situation besser einschätzen zu können. Alles, was wir dort sahen, bestätigte das, was man uns gesagt hatte. Er war schwach, verwirrt. Er brauchte ständige Pflege, mehr als das, was die Einrichtung leisten konnte.

Als wir später am Abend wieder im Hotelzimmer waren, sagte ich Denalyn, dass sie recht hatte. Wir mussten ihren Vater zu uns nach Hause holen.

Dann bekam ich einen Koller. Während der Rest der Familie damit beschäftigt war, Pläne zu schmieden, verlor ich mich im Labyrinth der Furcht. Ich begann, mir ein Leben mit einem alten Mann vorzustellen. Die Pflegekräfte. Der Sauerstofftank.

Das Krankenhausbett. Die Toilettenproblematik. Die Hilferufe mitten in der Nacht.

Sorgen zogen mich in den Boxring und prügelten mit bloßen Fäusten auf mich ein. Als ich ins Bett ging, war ich grün und blau und blutig geschlagen. Nach einer unsteten Nacht wachte ich auf und sagte zu Gott und zu mir selbst: *Es wird Zeit, dass ich das praktiziere, was ich predige.* Ich machte mich daran, meine Gedanken mit dem Lasso einzufangen, und erstellte eine Liste mit all den Segensgeschenken in meinem Leben. Psalm 103,2 kam mir in den Sinn: „Ich will den Herrn loben und nie vergessen, wie viel Gutes er mir getan hat." Ich grübelte nicht länger über unsere Probleme nach, sondern entschied mich dafür, jeden Hinweis dafür aufzuzählen, dass Gott auf meiner Seite war.

Zum Beispiel musste ich einen Anhänger mieten. Es stellte sich heraus, dass der Inhaber des betreffenden Geschäfts der Freund eines Freundes war.

Ich brauchte eine Anhängerkupplung. Es war Freitagnachmittag und sie musste noch vor Samstag an meinem Wagen befestigt werden. Schon mein zweiter Anruf ergab, dass der Laden „zufällig" eine vorrätig hatte und den Termin einhalten konnte.

Ich musste den Mann bezahlen, der sich um die Außenflächen von Denalyns Elternhaus kümmerte. „Ganz zufällig" war er gerade bei der Arbeit, als ich dort ankam, um nach dem Rechten zu sehen.

Wir mussten einen Arzt und ein Team finden, das sich um die häusliche Pflege kümmerte. Die Sprechstundenhilfe des Arztes bot mir gleich einen Termin an. Das Hauspflegeteam hatte einen Mitarbeiter, der zu uns nach Hause kommen konnte.

Ich fand einen Käufer für das Auto meines Schwiegervaters.

Die Einrichtung für betreutes Wohnen kannte jemanden, der die Möbel brauchte, die wir dort zurückließen.

Ich traf die befreiende Entscheidung, jede dieser guten Wendungen als Beweis für Gottes Segen und Gegenwart zu verstehen. Nach und nach lichteten sich die grauen Wolken und der blaue Himmel schimmerte langsam durch. Ich kann ehrlich sagen, dass ich einen Frieden spürte, der all mein Verstehen überstieg.

Christyn Taylor entdeckte diese innere Ruhe ebenfalls. Vor Kurzem besuchten sie und ihre Familie Rebeccas Ärzte in Minnesota. Sieben Monate zuvor hatte Rebecca ihren Schlaganfall nur knapp überlebt. Jetzt, einen Tag vor ihrem dreizehnten Geburtstag, sprühte Rebecca vor Leben. Sie hatte bemerkenswerte dreizehn Kilo zugenommen. Ihr Zustand verbesserte sich. Im Krankenhaus wurde sie das „wandelnde Wunder" genannt.

Achten Sie auf Ihre Gedanken und vertrauen Sie Ihrem Vater.

Christyn schrieb in ihrem Blog:

Ich beobachtete dieses Zusammenwirken mit einem stillen Staunen. Es ist leicht, Gott dann zu preisen, wenn es uns gut geht. Doch ich spürte Gottes Gegenwart in meiner größten Not. Und in diesen Momenten, die mir schier das Herz zerrissen, lernte ich, einem Gott zu vertrauen, der mir angesichts dieser unvorstellbaren Schmerzen auch unvorstellbare Kraft schenkte.[2]

Er wird auch Ihnen helfen. Achten Sie auf Ihre Gedanken und vertrauen Sie Ihrem Vater.

KAPITEL 10

Klammern Sie sich an Jesus

Wenn wir unseren Blick auf Gott richten, trägt unser Leben Frucht.

Winzer Jones stand an den Spalieren und erkannte, dass es Probleme gab. Seine Trauben stöhnten. Blätter hingen herab. Reben ließen die Köpfe hängen. Lustlose Loganbeeren seufzten im Chor.

Der Winzer hörte ihnen eine Weile zu und entschied sich dann, das zu tun, was Winzer seit Anbeginn des Schreibens dieses Kapitels getan haben: Er sprach mit seinen Pflanzen. Es war Zeit für ein Boss-zu-Zweig-Gespräch. Er stellte einen Stuhl zwischen die Reihen, nahm seinen Strohhut ab, setzte sich und forderte sie auf: „Na gut, Jungs, was ist los? Warum seid ihr so trübsinnig? Diesen Wein hatte ich mir anders vorgestellt."

Zuerst sprach niemand. Endlich gab sich eine schlanke Ranke einen Ruck: „Ich kann einfach nicht mehr!", platzte sie heraus. „Ich drücke und presse, doch die Trauben wollen einfach nicht kommen."

Die Blätter hüpften, als andere Zweige zustimmend nickten. „Ich bringe noch nicht einmal eine Rosine zustande", bekannte einer.

„Ich bin traubenunfruchtbar", schimpfte ein anderer.

„Verzeiht, wenn ich rührselig werde", brach es aus einem anderen heraus, „aber meine Lasten sind so schwer. Ich bin so müde, dass meine Rinde schon absplittert."

Winzer Jones schüttelte seinen Kopf und seufzte. „Kein Wunder, dass ihr Jungs so unglücklich seid. Ihr versucht, etwas zu tun, das ihr gar nicht tun könnt, und vergesst, das zu tun, wozu ihr erschaffen wurdet. Hört auf, die Frucht zu erzwingen. Ihr müsst doch bloß am Weinstock hängen und mit dem Stamm verbunden bleiben. Reißt euch zusammen! Ihr werdet staunen, was ihr alles hervorbringen werdet."

Sie glauben, dass dieses Gespräch weit hergeholt ist? Zwischen einem Winzer und einem Weinstock, ja. Aber zwischen unserem Vater und seinen Kindern? Er muss sich Minute für Minute zweifellos auch eine Unmenge von Beschwerden anhören.

„Bei mir tut sich geistlich einfach nichts."

„Die einzige Frucht, die ich hervorbringe, ist Angst."

„Vollkommener Friede? Mein Leben ist eher ein vollkommenes Chaos."

Der Ausdruck „ohne Frucht und voller Sorge" beschreibt so viele von uns. Eigentlich wollen wir das nicht. Wir wollen lieber Paulus' Weisung folgen: „Richtet eure Gedanken ganz auf die Dinge, die wahr und achtenswert, gerecht, rein und unanstößig sind und allgemeine Zustimmung verdienen; beschäftigt euch mit dem, was vorbildlich ist und zu Recht gelobt wird" (Philipper 4,8).

Wir schneiden eine Grimasse und beschließen mit neuer Entschlossenheit: *Heute werde ich nur wahre, achtenswerte und gerechte Gedanken denken... und wenn es mich umbringt.* Paulus lädt uns ein, inneren Frieden zu erleben, indem wir auf eine bestimmte Art und Weise denken. Doch dieser Aufruf kann auch zu einer Anforderungsliste werden: Jeder Gedanke *muss* wahr, achtenswert, gerecht, rein, unanstößig sein, allgemeine Zustimmung verdienen, vorbildlich sein und zu Recht gelobt werden.

Schluck. Wer kann das denn schaffen?

Ich muss Ihnen etwas gestehen: Ich finde, dass es schwer ist, diese Liste einzuhalten. Der Himmel weiß, dass ich es versucht habe. Mir kommt ein Gedanke in den Sinn und ich prüfe ihn anhand dieser Textstelle. *War er wahr, achtenswert, rein... Was kam da noch als Nächstes?* Es fällt mir schwer, mich an die acht Tugenden zu erinnern, geschweige denn, daran zu denken, meine Gedanken durch diesen Filter zu schicken. Vielleicht funktioniert diese Liste ja bei Ihnen. In diesem Fall können Sie dieses Kapitel gern überspringen. Wenn nicht, gibt es da einen einfacheren Weg.

Setzen Sie sich das Ziel, an Jesus festzuhalten. Bleiben Sie bei ihm. Denn ist er nicht genau das: wahr, achtenswert, gerecht, rein, unanstößig, verdient er nicht allgemeine Zustimmung, ist er nicht vorbildlich, und wird er nicht zu Recht gelobt? Ist das nicht die Einladung, die er in seiner Botschaft vom Weinberg ausspricht?

Setzen Sie sich das Ziel, an Jesus festzuhalten. Bleiben Sie bei ihm. Denn ist er nicht genau das: wahr, achtenswert, gerecht, rein, unanstößig, verdient er nicht allgemeine Zustimmung, ist er nicht vorbildlich, und wird er nicht zu Recht gelobt?

Bleibt in mir, und ich werde in euch bleiben. Eine Rebe kann nicht aus sich selbst heraus Frucht hervorbringen; sie muss am Weinstock bleiben. Genauso wenig könnt ihr Frucht hervorbringen, wenn ihr nicht in mir bleibt. Ich bin der Weinstock, und ihr seid die Reben. Wenn jemand in mir bleibt und ich in ihm bleibe, trägt er reiche Frucht; ohne mich könnt ihr nichts tun. Wenn jemand nicht in mir bleibt, geht es ihm wie der unfruchtbaren Rebe: Er wird weggeworfen und verdorrt. Die verdorrten Reben werden zusammengelesen und ins Feuer geworfen, wo sie verbrennen. Wenn ihr in mir bleibt und meine Worte in euch bleiben, könnt ihr bitten, um was ihr wollt: Eure Bitte wird erfüllt werden. Dadurch, dass ihr reiche Frucht tragt und euch als meine Jünger erweist, wird die Herrlichkeit meines Vaters offenbart. Wie mich der Vater geliebt hat, so habe ich euch geliebt. Bleibt in meiner Liebe! Wenn ihr meine Gebote haltet, werdet ihr in meiner Liebe bleiben, so wie ich immer die Gebote meines Vaters gehalten habe und in seiner Liebe bleibe (Johannes 15,4–10; NGÜ).

Jesu Allegorie ist leicht zu verstehen: Gott ist wie ein Weingärtner. Er lebt dafür und liebt es, das Beste aus seinen Reben herauszuholen. Er hegt, stutzt, segnet und beschneidet. Er hat nur ein Ziel: „Was kann ich dazu beitragen, dass die Reben Frucht bringen?" Gott ist ein fähiger Weinbauer, der den Weinberg sorgfältig überwacht.

Und Jesus spielt die Rolle des Weinstocks. Wir Nichtwinzer bringen womöglich den Weinstock und die Reben durcheinander. Um den Weinstock zu sehen, müssen Sie Ihren Blick von den strähnigen, gewundenen Reben zu der dicken Basis darunter senken. Der Weinstock ist die Wurzel und der Stamm der Pflanze. Er leitet Nährstoffe aus dem Boden in die Zweige. Jesus erhebt den erstaunlichen Anspruch: „Ich bin die Wurzel des Lebens." Wenn irgendetwas Gutes in unser Leben kommt, dann ist er der Zulieferer.

Und wer sind wir? Wir sind die Reben. Wir tragen Frucht: „Liebe, Freude und Frieden; Geduld, Freundlichkeit und Güte; Treue" (Galater 5,22). Wir denken darüber nach, was „wahr und achtenswert, gerecht, rein und unanstößig [ist] und allgemeine Zustimmung verdien[t]; ... was vorbildlich ist und zu Recht gelobt wird" (Philipper 4,8; NGÜ). Unsere Güte und Freundlichkeit ist für alle ersichtlich. Wir sonnen uns in „Gottes Friede, der all unser Verstehen übersteigt" (Philipper 4,7).

Und wenn wir an Jesus festhalten, wird Gott geehrt. „Darin wird mein Vater verherrlicht, dass ihr viel Frucht hervorbringt und meine Jünger werdet" (Johannes 15,8; NL).

Der Vater pflegt. Jesus nährt. Wir nehmen in Empfang und Trauben wachsen. Menschen, die an diesem Weinberg vorübergehen und die erstaunt die überfließenden Körbe sehen, die mit Liebe, Gnade und Frieden gefüllt sind, können nicht anders. Sie müssen einfach fragen: „Wem gehört denn dieser Weinberg?" Und dadurch wird Gott geehrt. Aus diesem Grund ist es so wichtig für Gott, dass wir Frucht tragen.

Und es ist wichtig für Sie! Sie sind es überdrüssig, immer so unruhig zu sein. Sie wollen die schlaflosen Nächte hinter sich lassen. Sie sehnen sich danach, sich „um nichts zu sorgen". Sie sehnen sich nach der Frucht des Geistes. Doch wie bringen Sie diese Frucht hervor? Indem Sie sich mehr anstrengen? Nein, indem Sie ruhig abwarten. Unsere Aufgabe ist es nicht, fruchtbar zu sein, sondern treu. Das Geheimnis eines Frucht tragenden, sorgenfreien Lebens hat weniger mit dem Tun und mehr mit dem Bleiben zu tun.

Falls Sie es überlesen haben: Jesus verwendet das Wort „bleiben" in diesen sieben Versen aus dem Philipperbrief zwölf Mal:

> *Bleibt in mir, und ich werde in euch bleiben. Eine Rebe kann nicht aus sich selbst heraus Frucht hervorbringen; sie muss am Weinstock bleiben. Genauso wenig könnt ihr Frucht hervorbringen, wenn ihr nicht in mir bleibt. ... wenn jemand in mir bleibt und ich in ihm bleibe, trägt er reiche Frucht ... Wenn jemand nicht in mir bleibt, geht es ihm wie der unfruchtbaren Rebe: Er wird weggeworfen und verdorrt ... Wenn ihr in mir bleibt und meine Worte in euch bleiben, könnt ihr bitten, um was ihr wollt: Eure Bitte wird erfüllt werden ... bleibt in meiner Liebe ... werdet ihr in meiner Liebe bleiben, so wie ich immer die Gebote meines Vaters gehalten habe und in seiner Liebe bleibe* (Johannes 15,4–10; NGÜ).

„Kommt, lebt in mir!", lädt Jesus uns ein. „Mein Zuhause soll euer Zuhause werden."

Wahrscheinlich wissen Sie, was es heißt, irgendwo zu Hause zu sein.

Zu Hause zu sein heißt, sich sicher fühlen. Die Wohnung ist ein Ort des Rückzugs und der Sicherheit.

Zu Hause zu sein heißt, sich wohlzufühlen. Sie können im Bademantel und in Pantoffeln herumlaufen.

Zu Hause zu sein heißt, vertraut sein. Wenn Sie zur Tür hereinkommen, müssen Sie nicht irgendwelche Baupläne konsultieren, um die Küche zu finden.

Unser Ziel – unser einziges Ziel – ist es, bei Jesus Christus zu Hause zu sein. Er ist kein Park in unserem Viertel, den wir gelegentlich besuchen, oder ein Hotelzimmer. Er ist unsere ständige Postanschrift. Jesus ist unser Zuhause. Er ist unser Ort des Rückzugs und der Sicherheit. Wir fühlen uns wohl in seiner Gegenwart, sind frei, wir selbst zu sein. Wir kennen uns bei ihm aus. Wir kennen sein Herz und sein Handeln.

Wir kommen bei ihm zur Ruhe, finden unsere Nahrung bei ihm. Sein Dach der Gnade beschützt uns vor den Stürmen der Schuld. Seine Wände der Fürsorge beschützen uns vor zerstörerischen Winden. Sein offener Kamin wärmt uns während der einsamen Winter des Lebens. Wir verweilen in der Wohnung Christi und gehen niemals von dort weg.

Unsere Aufgabe ist es nicht, fruchtbar zu sein, sondern treu.

Die Rebe löst sich niemals vom Weinstock. Nie! Kommt eine Rebe nur an Sonntagen am Weinstock vorbei, um ein Mal pro Woche Nahrung aufzunehmen? Nur wenn sie ihr Leben riskieren will. Die gesunde Rebe löst sich niemals vom Weinstock, weil sie dort vierundzwanzig Stunden am Tag ihre Nahrung bekommt.

Gäbe es Kurse für Reben, wäre das Thema vermutlich „So bleiben Sie am Weinstock". Doch es gibt keine Kurse für Reben, denn dazu müssten sie den Weinstock verlassen – und sie weigern sich, das zu tun. Die Rebe hat nur eine Aufgabe, nur eine Pflicht: am Weinstock festzuhalten.

Und das gilt auch für die Menschen, die Jesus nachfolgen.

Wir Christen neigen dazu, das zu übersehen. Wir plappern von Verpflichtungen, davon, „die Welt zu ändern", „für Jesus etwas zu bewegen", „Menschen zum Herrn zu führen". Doch das sind nur Nebenprodukte eines christuszentrierten Lebens.

Unsere primäre Aufgabe ist es nicht, Frucht zu tragen. Unsere Aufgabe ist es, mit Jesus verbunden zu bleiben.

Vielleicht wird Ihnen das folgende Beispiel weiterhelfen: Wenn ein Vater mit seinem vierjährigen Sohn eine verkehrsreiche Straße entlanggeht, nimmt er ihn bei der Hand und sagt: „Halt dich fest." Er sagt nicht: „Lern die Straßenkarte auswendig" oder „Versuche, dem Verkehr auszuweichen" oder „Wir wollen mal sehen, ob du den Weg nach Hause findest". Ein guter Vater überträgt seinem Kind nur eine Aufgabe: „Halt dich an meiner Hand fest."

Gott macht mit uns dasselbe. Belasten Sie sich nicht mit Listen. Vergrößern Sie Ihre Sorge nicht durch die Angst, sie nicht abarbeiten zu können. Ihre Aufgabe ist es nicht, alles zu wissen, was noch kommt. Sie müssen nur eines tun: die Hand des Einen festhalten, der sie Ihnen reicht und der Sie niemals loslassen wird.

Und genau das tat auch Kent Brantly.

Brantly war im missionsärztlichen Dienst in Liberia tätig und führte dort Krieg gegen das grausamste aller Viren: Ebola. Die Epidemie tötete Tausende von Menschen. Und wie wir alle war sich auch Brantly der Folgen einer Ansteckung bewusst. Er hatte Dutzende von Fällen behandelt. Er kannte die Symptome – schnell ansteigendes Fieber, schwerer Durchfall und Übelkeit. Er hatte die Auswirkungen des Virus gesehen und zum ersten Mal spürte er die Symptome bei sich selbst.

Seine Kollegen hatten ihm Blut abgenommen und mit den Tests begonnen. Doch es würde mindestens drei Tage dauern, bevor sie die Ergebnisse hatten. Am Mittwochabend, es war der 23. Juli 2014, stellte sich Dr. Brantly in seinem Haus selbst unter Quarantäne und wartete. Seine Frau und seine Familie befanden sich auf der anderen Seite des Ozeans. Seine Mitarbeiter konnten seine Wohnung nicht betreten. Er war, im wahrsten Sinn des Wortes, allein mit seinen Gedanken. Er öffnete seine Bibel und dachte gründlich über einen Abschnitt aus dem Hebräerbrief nach. Dann schrieb er in sein Tagebuch: „Gottes Zusage, uns seine Ruhe zu schenken, ist noch nicht erfüllt, also lasst uns niemals aufgeben.... Darum lasst uns alles daransetzen, zu dieser Ruhe Gottes zu gelangen."[1]

Dr. Brantly dachte über die Wendung „alles daransetzen" nach. Er wusste, er würde genau das tun müssen. Dann richtete er seine Aufmerksamkeit auf einen anderen Vers aus demselben Kapitel des Hebräerbriefs: „Er tritt für uns ein, daher dürfen wir voller Zuversicht und ohne Angst vor Gottes Thron kommen. Gott wird uns seine Barmherzigkeit und Gnade zuwenden, wenn wir seine Hilfe brauchen."[2] Er schrieb die Bibelstelle in sein Gebetstagebuch und hob dabei die Wörter „voller Zuversicht" hervor.[3]

Er schloss sein Tagebuch und begann zu warten. Die nächsten drei Tage brachten unaussprechliche Beschwerden. Die Testergebnisse bestätigten seine Befürchtungen: Er hatte sich mit Ebola angesteckt.

Kents Frau Amber war in ihrer Heimatstadt Abilene in Texas, als er sie am darauffolgenden Samstagnachmittag anrief und ihr die Diagnose mitteilte. Sie und ihre zwei Kinder besuchten gerade ihre Eltern. Als das Telefon klingelte, ging sie schnell ins Schlafzimmer, um sich in Ruhe unterhalten zu können. Kent kam gleich zum Punkt. „Die Testergebnisse sind gekommen. Sie sind positiv."

Seine Frau brach in Tränen aus. Sie unterhielten sich nur ein paar Augenblicke, denn Kent sagte schon bald, dass er müde sei und bald wieder anrufen werde.

Jetzt musste auch Amber einen Weg finden, diese Neuigkeit zu verarbeiten. Sie saß gemeinsam mit ihren Eltern auf ihrem Bett und weinte ein paar Minuten lang. Dann entschuldigte sie sich und verließ das Haus. Sie überquerte eine Weide, ging zu einem großen Mesquitebaum und setzte sich auf einen seiner tief hängenden Äste. Amber fiel es schwer, ein Gebet zu formulieren, also sprach sie die Texte von Kirchenliedern, die sie als kleines Mädchen gelernt hatte.

Groß ist deine Treue, mein Gott und Vater.
Kein Übel folgt mir, wenn du nahe bist.
Du veränderst dich nicht, die dich ehren, werden nicht versagen.
Wie du warst, wirst du immerfort sein.[4]

Die Worte nahmen ihr eine Last von der Seele, deshalb begann sie, laut ein anderes Lied zu singen, an das sie sich noch erinnern konnte:

Ich brauche dich jede Stunde, in Freude oder Schmerz.
Komm schnell und bleibe oder das Leben ist vergebens.
Ich brauche dich, o ich brauche dich,
Jede Stunde brauche ich dich.
O segne mich jetzt, mein Erretter,
ich komme zu dir.[5]

Später schrieb sie: „Ich dachte, mein Ehemann würde sterben. Ich litt so sehr. Ich hatte Angst. Doch indem ich diese Kirchenlieder sang, konnte ich Gott auf eine bedeutungsvolle Weise nahe sein."[6]

Kent wurde von Afrika nach Atlanta geflogen. Die behandelnden Ärzte entschieden sich dazu, eine Behandlungsmethode anzuwenden, die bislang noch unerprobt war. Nach und nach besserte sich sein Zustand. Nach ein paar Tagen kehrte seine Kraft langsam zurück. Die ganze Welt, so schien es, jubelte, als er von Ebola geheilt aus dem Krankenhaus entlassen werden konnte.

Wir können uns aber noch über einen weiteren Sieg der Brantlys freuen – über eine Krankheit, über ein Virus, das genauso tödlich wie ansteckend ist: die unsichtbare Ansteckung durch die Sorge. Kent und Amber hatten allen Grund, panisch zu werden, doch sie reagierten auf dieses Virus mit derselben Entschlossenheit, mit der sie auch gegen Ebola gekämpft hatten. Sie blieben mit dem Weinstock verbunden. Sie entschieden sich dazu, an Jesus festzuhalten. Kent schlug seine Bibel auf. Amber dachte über Kirchenlieder nach. Sie füllten ihre Gedanken mit der Wahrheit Gottes.

Und Jesus möchte, dass wir dasselbe tun. Er sagte im Rahmen der Bergpredigt ziemlich unverblümt: „Macht euch keine Sorgen um euren Lebensunterhalt, um Nahrung und Kleidung!" (Matthäus 6,25).

Dann wies er seine Zuhörer zweimal an: „Seht…" Er sagte: „Seht euch die Vögel an" (Matthäus 6,26). Wenn wir das tun, werden wir bemerken, wie glücklich sie zu sein scheinen. Sie runzeln nicht die Stirn, sind nicht griesgrämig oder mürrisch. Sie scheinen nicht unter Schlafmangel oder Einsamkeit zu leiden. Sie singen, pfeifen und fliegen über den Himmel. Und doch: „Sie säen nichts, sie ernten nichts und sammeln auch keine Vorräte" (Vers 26). Sie pflügen keine Felder und ernten kein Getreide, doch Jesus machte deutlich: „Sind sie denn nicht gut versorgt?"

Dann lenkte er die Aufmerksamkeit auf die Blumen: „Seht euch an, wie die Lilien auf den Wiesen blühen!" (Vers 28). Sie tun ebenfalls nichts. Obwohl ihre Lebenszeit kurz ist, stattet Gott sie mit einer Garderobe aus, mit der sie für Staatsempfänge gerüstet wären. Selbst Salomo, der reichste König, den es bis dahin gegeben hatte, „war in seiner ganzen Herrlichkeit nicht so prächtig gekleidet wie eine von ihnen" (Vers 29).

Wie entreißen wir der Sorge ihre Macht? Indem wir unser Denken bis zum Rand mit Gottes Gedanken füllen. Ziehen Sie den logischen Schluss: Wenn Vögel und Blumen Gottes Fürsorge genießen, wird er dann nicht auch ebenso für uns sorgen? Lassen Sie Ihr Herz also von Gott mit seiner Güte erfüllen.

Lassen Sie Ihr Herz von Gott mit seiner Güte erfüllen.

„Ja, richtet eure Gedanken auf Gottes himmlische Welt und nicht auf das, was diese irdische Welt ausmacht" (Kolosser 3,2).

Wie kann uns das gelingen?

Eine Freundin erzählte mir neulich, dass sie täglich neunzig Minuten braucht, um zur Arbeit zu kommen.

„Neunzig Minuten!", entgegnete ich mitfühlend.

„Du musst mich nicht bedauern." Sie lächelte. „Ich nutze die Fahrt, um über Gott nachzudenken." Sie beschrieb mir weiter, dass sie die eineinhalb Stunden mit Anbetung und Predigten füllte. Sie hört sich komplette biblische Bücher an. Sie spricht Gebete. Wenn sie dann ihren Arbeitsplatz erreicht, ist sie für den Tag gerüstet. „Ich habe meinen Arbeitsweg zu meiner Kapelle gemacht."

Machen Sie es doch ebenso. Gibt es einen Zeitraum, den Sie für Gott reservieren könnten? Vielleicht könnten Sie das Radio ausstellen und Ihre Bibel aufschlagen. Stellen Sie den Wecker fünfzehn Minuten früher. Oder schauen Sie sich vor dem Einschlafen keine Nachrichten mehr an, sondern lauschen Sie der Hörbuchfassung eines christlichen Buches. „Wenn ihr in meinem Wort bleibt, seid ihr wirklich meine Jünger, und ihr werdet die Wahrheit erkennen, und die Wahrheit wird euch frei machen" (Johannes 8,31–32; NGÜ). Wir werden frei sein von Angst. Frei von Schrecken. Und, ja, frei von Sorge.

KAPITEL 11

R.U.H.E.

*Entscheiden Sie sich bewusst
für den Ruhe-Baum und nicht
für den Sorgen-Baum.*

Es ist halb drei nachts. Sie können nicht schlafen. Sie zerwühlen Ihr Kissen, wickeln sich in Ihre Bettdecke ein, decken die Decke wieder auf, werfen sich hin und her, von einer Seite auf die andere. Alles vergebens. Die anderen schlafen. Ihr Partner befindet sich bereits seit Stunden im Land der Träume. Der Hund liegt zusammengerollt am Fußende Ihres Bettes. Jeder schläft. Jeder, nur Sie nicht.

In sechs Stunden treten Sie eine neue Arbeitsstelle an, ziehen in ein neues Büro, schlagen ein neues Kapitel auf, betreten eine neue Welt. Sie werden der Neuling im Vertriebsteam sein. Sie fragen sich, ob Sie die richtige Entscheidung getroffen haben. Die Arbeitszeiten sind lang. Die wirtschaftliche Lage verschlechtert sich. Der Konkurrenzdruck nimmt zu.

Übrigens sind Sie

- fünfundzwanzig Jahre alt, kommen gerade frisch von der Uni und treten Ihre erste Arbeitsstelle an;
- fünfunddreißig Jahre alt und müssen eine Frau und zwei Kinder versorgen;
- fünfundvierzig Jahre und das jüngste Opfer der Entlassungswelle;
- fünfundfünfzig Jahre alt, nicht gerade das beste Alter, um den Job zu wechseln;
- fünfundsechzig Jahre alt. Was ist nur aus Ihren Plänen für die Rente geworden? Und Sie wollten ja auch mehr Zeit mit den Enkelkindern verbringen. Doch die Rente reicht nicht und Sie müssen sich einen 400-Euro-Job suchen.

Egal, wie alt Sie sind: Die Fragen fallen auf Sie herab wie Hagelkörner. *Werde ich genug Geld verdienen? Werde ich Freunde finden? Ein eigenes Büro haben oder im Großraumbüro sitzen? Werde ich mit dem neuen Computerprogramm zurechtkommen, mir die Verkaufsargumente, den Weg zur Toilette merken können?*
Sie spüren, wie es in Ihrem Hinterkopf pocht. Plötzlich gräbt sich ein neuer Schwarm Sorgenwürmer seinen Weg in Ihre Gedanken. *O nein, ein Tumor. Genau wie bei Opa. Er musste ein Jahr Chemotherapie über sich ergehen lassen. Wie soll ich denn die Chemo und einen neuen Job managen? Wird meine Krankenversicherung die Behandlung übernehmen?*
Die Gedanken wirbeln durch Ihren Kopf wie ein Tornado durch eine Prärie in Kansas. Sie nehmen auch noch den letzten Rest Frieden mit sich. Die grünen Zahlen auf der Uhr sind die einzigen Lichter in Ihrem Zimmer, ja die einzigen Lichter

in Ihrem Leben. Eine weitere Stunde verstreicht. Sie bedecken Ihren Kopf mit einem Kissen und würden am liebsten heulen.

Was für ein Schlamassel.

Was bedeuten all diese Sorgen? All diese Angst? Das Bangen? Die Ruhelosigkeit? Die Unsicherheit? Was bedeutet das?

Es bedeutet ganz einfach: Sie sind auch nur ein Mensch.

Es bedeutet nicht, dass Ihre emotionalen Fähigkeiten unterentwickelt sind. Es bedeutet nicht, dass Sie dumm, von einem Dämon besessen oder ein Versager sind. Es bedeutet nicht, dass Ihre Eltern bei Ihnen versagt haben oder dass Sie versagt haben. Und das ist wichtig: Es bedeutet nicht, dass Sie kein Christ sind.

Auch Christen kämpfen gegen die Sorge an. Meine Güte, selbst Jesus kämpfte gegen die Sorge an! Im Garten Getsemane betete er dreimal, dass Gott ihm das Leiden ersparen würde (nachzulesen in Matthäus 26,36–44). Sein Herz schlug so wild, dass Kapillaren platzten und purpurne Rinnsale über sein Gesicht liefen (nachzulesen in Lukas 22,44). Er machte sich also definitiv Sorgen!

Doch er blieb nicht dabei stehen. Er vertraute seine Ängste seinem himmlischen Vater an und vollendete vertrauensvoll seinen irdischen Auftrag. Und er wird uns helfen, dasselbe zu tun. Es gibt einen Pfad, der aus dem Tal der Sorge herausführt. Gott verwendete den Griffel von Paulus, um die Karte zu zeichnen.

Freut euch zu jeder Zeit, dass ihr zum Herrn gehört. Und noch einmal will ich es sagen: Freut euch!
Alle Menschen sollen eure Güte und Freundlichkeit erfahren. Der Herr kommt bald!
Macht euch keine Sorgen! Ihr dürft in jeder Lage zu Gott beten. Sagt ihm, was euch fehlt, und dankt ihm! Dann wird

Gottes Friede, der all unser Verstehen übersteigt, eure Herzen und Gedanken bewahren, weil ihr mit Jesus Christus verbunden seid.

Schließlich, meine lieben Brüder und Schwestern, orientiert euch an dem, was wahrhaftig, vorbildlich und gerecht, was redlich und liebenswert ist und einen guten Ruf hat. Beschäftigt euch mit den Dingen, die auch bei euren Mitmenschen als Tugend gelten und Lob verdienen (Philipper 4,4–8).

Es fällt schwer, in der Bibel eine Passage zum Thema „Sorge" zu finden, die näher am praktischen Leben, die kraftvoller und inspirierender ist. Dieser Abschnitt ist im Grunde wie ein „Entscheidungsbaum". Ein Entscheidungsbaum ist ein baumartiges Diagramm, mit dessen Hilfe man Entscheidungen und ihre möglichen Konsequenzen darstellt. Paulus' Ratschlag hat ein ähnliches Format.

Den Sorgen-Baum kennen Sie ja schon zur Genüge. Wir alle haben schließlich bereits mehr als genug Zeit damit verbracht, ihn zu erklimmen und von seinen kümmerlichen Zweigen zu baumeln, gepeitscht von den eisigen Winden des Wandels und der Wirren.

Einmal sandte Gott den Propheten Jesaja aus, um einem besorgten König neuen Mut zu schenken. König Ahas und sein Volk hatten solche Angst, dass sie „zitterten vor Angst wie Bäume im Sturm" (Jesaja 7,2). Das klingt doch ganz so, als saßen sie in einem ganzen Hain von Sorge-Bäumen. Gott sagte zu Jesaja: „Ermutige [König Ahas] mit dieser Botschaft: Hab keine Angst und lass dich nicht einschüchtern!" (Jesaja 7,4).

Der Sorgen-Baum ist jedoch nicht der einzige Baum in diesem Garten. Es gibt eine bessere Alternative: den Ruhe-Baum. Er ist robust und kräftig, bietet Schatten und hat reichlich Platz für Sie. Und so können Sie sich auf seine Äste schwingen:

Alles beginnt mit Gott.

Reden Sie voll Freude von Gottes Güte. „Freut euch zu jeder Zeit, dass ihr zum Herrn gehört. Und noch einmal will ich es sagen: Freut euch!" (Philipper 4,4). Richten Sie Ihre Aufmerksamkeit nicht länger auf das Problem, sondern preisen Sie einige Minuten lang Gott. Sie tun sich nichts Gutes damit, wenn Sie sich geradezu besessen mit Ihrem Problem beschäftigen. Je länger Sie es anstarren, desto größer wird es. Aber je länger Sie auf Gott sehen, desto schneller schrumpft das Problem. Das war schon die Strategie des Psalmdichters.

Ich schaue hinauf zu den Bergen – woher kann ich Hilfe erwarten? Meine Hilfe kommt vom Herrn, der Himmel und Erde gemacht hat! (Psalm 121,1–2).

Erkennen Sie die Blickrichtung des Sprechers? „Ich schaue hinauf..."

Denken Sie nicht angestrengt über den Schlamassel in Ihrem Leben nach. Sie erreichen nichts dadurch, dass Sie Ihren Blick auf das Problem richten. Sie erreichen alles, indem Sie Ihren Blick auf Gott richten.

Das war die Lektion, die Petrus auf dem stürmischen See Genezareth lernte. Er war Fischer und wusste aus eigener Erfahrung, was drei Meter hohe Wellen mit kleinen Booten anrichten konnten. Vielleicht war das ja auch der Grund, warum er sich freiwillig meldete und das Gefährt

Denken Sie nicht angestrengt über den Schlamassel in Ihrem Leben nach.

verließ, als er sah, wie Jesus durch den Sturm auf dem Wasser auf seine Jünger zuging.

Da rief Petrus: „Herr, wenn du es wirklich bist, dann befiehl mir, auf dem Wasser zu dir zu kommen."
„Komm her!", antwortete Jesus.
Petrus stieg aus dem Boot und ging Jesus auf dem Wasser entgegen. Kaum war er bei ihm, da merkte Petrus, wie heftig der Sturm um sie tobte. Er erschrak, und im selben Augenblick begann er zu sinken. „Herr, hilf mir!", schrie er (Matthäus 14,28–30).

Solange Petrus sich auf Jesus konzentrierte, war er in der Lage, das Unmögliche zu vollbringen. Doch als er seinen Blick abwandte und seine Aufmerksamkeit auf die Gewalt des Sturms richtete, ging er unter wie ein Stein. Wenn Sie in übertragenem Sinn „sinken", dann liegt es also daran, dass Sie in die falsche Richtung blicken.

Ist Gott Ihren Lebensumständen überlegen? Ist er mächtiger als Ihr Problem? Größer als Ihre Angst? Hat er die Antworten auf Ihre Fragen? Der Bibel zufolge lautet die Antwort Ja, Ja und nochmals Ja! „Gott [ist] der vollkommene und alleinige Herrscher, der König aller Könige, der Herr aller Herren" (1. Timotheus 6,15).

Wenn er alles erhält und alles unter Kontrolle hat, was meinen Sie: Hat er dann auch die Autorität über die Situation, in der Sie gerade stecken? Was ist mit seiner Gnade? Ist Gottes Gnade groß genug, um mit Ihrer Sünde fertigzuwerden? Noch einmal: Ja! „Wer nun mit Jesus Christus verbunden ist, wird von Gott nicht mehr verurteilt" (Römer 8,1).

Freuen Sie sich über das, was Gott tut. Das ist der erste Schritt. Hasten Sie nicht daran vorbei. Widmen Sie sich Gott, bevor Sie sich Ihrem Problem widmen.

Danach werden Sie bereit und in der Lage sein, die folgenden Dinge zu tun:

Unterbreiten Sie Gott Ihre Probleme. „Ihr dürft in jeder Lage zu Gott beten. Sagt ihm, was euch fehlt" (Philipper 4,6). Angst führt entweder zu Verzweiflung oder zu Gebet. Treffen Sie eine weise Entscheidung.

Gott sagte: „Wenn du keinen Ausweg mehr siehst, dann rufe mich zu Hilfe!" (Psalm 50,15).

Jesus sagte: „Bittet Gott, und er wird euch geben! Sucht, und ihr werdet finden! Klopft an, und euch wird die Tür geöffnet!" (Matthäus 7,7). Diese Verheißung lässt keinen Raum für Zweifel. Kein „könnte", „vielleicht" oder „möglicherweise". Jesus macht entschieden deutlich, dass er Sie hört, wenn Sie ihn um etwas bitten. Also zögern Sie nicht zu bitten! Wenn die Sorge an Ihre Tür klopft, sagen Sie: „Jesus, würdest du bitte rangehen?" Beschränken Sie Ihre Bitte auf eine Aussage. Folgen Sie dem Beispiel von Jesus, der uns zu beten lehrte: „Gib uns heute unser tägliches Brot" (Matthäus 6,11; NGÜ). Bringen Sie konkrete Bitten vor. Und beziehen Sie sich in Ihren Gebeten auf konkrete Verheißungen. Stellen Sie sich auf das sichere Fundament von Gottes Bund: „Er tritt für uns ein, daher dürfen wir voller Zuversicht und ohne Angst vor Gottes Thron kommen" (Hebräer 4,16).

Wenn Sie das getan haben:

Geben Sie Ihre Sorgen her. Lassen Sie ihn das Kommando übernehmen. Lassen Sie Gott tun, wozu er so gern bereit ist: „Sein

Friede wird eure Herzen und Gedanken im Glauben an Jesus Christus bewahren" (Philipper 4,7; NL).

Haben Sie schon einmal ein Haushaltsgerät zur Reparatur gebracht? Vielleicht war Ihr Toaster kaputt oder Ihre Mikrowelle funktionierte nicht mehr. Sie haben unter Umständen versucht, das Gerät selbst zu reparieren – vergebens. Also haben Sie es zu einem Fachmann gebracht. Sie haben ihm erklärt, was das Problem ist, und dann ...

- haben Sie angeboten, dort zu bleiben und ihm bei der Reparatur zu helfen,
- sind Sie neben seiner Werkbank auf- und abgegangen und haben sich ständig nach seinen Fortschritten erkundigt,
- haben Sie Ihren Schlafsack auf dem Boden der Werkstatt ausgerollt, damit Sie dem Techniker bei der Arbeit zusehen konnten.

Wenn Sie eines dieser Dinge getan haben, verstehen Sie die Beziehung zwischen Kunde und Techniker nicht. Das Arrangement ist doch ganz einfach: Überlassen Sie ihm die Reparatur. Und das Gleiche gilt für den Umgang mit Gott: Überlassen Sie ihm Ihr Problem. „... ich weiß genau, an wen ich glaube. Ich bin ganz sicher, dass Christus mich und all das, was er mir anvertraut hat, bis zum Tag seines Kommens bewahren wird" (2. Timotheus 1,12).

Gott braucht weder unsere Hilfe noch unseren Rat oder Beistand. (Bitte wiederholen Sie den folgenden Satz: Ich will nicht länger der Herrscher des Universums sein.) Wenn er möchte, dass wir uns wieder an dieser Angelegenheit beteiligen, wird er es uns wissen lassen.

Bis dahin sollten Sie sorgenvolle Gedanken durch dankbare ersetzen. Gott nimmt die Sache mit der Danksagung nämlich sehr ernst.

Der Grund dafür: Dankbarkeit sorgt dafür, dass wir unseren Blick auf die Gegenwart richten.

Das griechische Wort, das in deutschen Bibelausgaben meist mit „sich sorgen" übersetzt wird, ist *merimnate*. Das Grundwort dazu lautet *merimnaō*, wobei es sich wiederum um eine Verbindung aus einem Verb und einem Substantiv handelt. Das Verb ist „teilen, zerteilen, spalten", das Substantiv ist „Verstand". Sich zu sorgen bedeutet demnach gewissermaßen, den eigenen Verstand zu spalten.[1] Sorge treibt einen Keil in unsere Gedanken, unsere Energie und unsere Konzentration. Sorge spaltet unsere Aufmerksamkeit. Es sendet unsere Wahrnehmung in ein Dutzend unterschiedliche Richtungen.

Wir sorgen uns wegen unserer Vergangenheit – wegen dem, was wir gesagt oder getan haben. Wir sorgen uns wegen der Zukunft – wegen der Aufgaben von morgen oder der Entwicklungen der nächsten zehn Jahre. Sorge lenkt unsere Aufmerksamkeit von dem „gerade jetzt" auf das „damals" oder „irgendwann einmal".

Doch wenn sich Ihre Gedanken nicht ständig um Ihr Problem drehen, haben Sie plötzlich Hirnkapazitäten frei. Nutzen Sie sie gut.

Erinnern Sie sich an die guten Dinge. „Schließlich, meine lieben Brüder und Schwestern, orientiert euch an dem, was wahrhaftig, vorbildlich und gerecht, was redlich und liebenswert ist und einen guten Ruf hat. Beschäftigt euch mit den Dingen, die auch bei euren Mitmenschen als Tugend gelten und Lob verdienen"

(Philipper 4,8). Lassen Sie nicht zu, dass sorgenvolle, negative Gedanken Ihr Denken übernehmen. Sie können die Umstände nicht kontrollieren, doch Sie können jederzeit kontrollieren, wie und was Sie darüber denken.

An einem der schwierigsten Tage meines Lebens war ich in einem Diner in Dalton, Georgia. Ich war neunzehn Jahre alt und hatte vor einer Woche mein Studium aufgenommen. Ich war über anderthalbtausend Kilometer von zu Hause entfernt und schlief in der Unterkunft der Heilsarmee, wo sich in der Nacht zuvor ein Betrunkener auf der Pritsche über mir zur Seite gerollt und sich erbrochen hatte. Wenn Heimweh Wasser wäre – ich wäre nass gewesen bis auf die Knochen.

Dankbarkeit sorgt dafür, dass wir unseren Blick auf die Gegenwart richten.

Weil man mir schnelles Geld und neue Eindrücke versprach, schloss ich mich zwei Freunden an und verpflichtete mich, von Tür zu Tür zu gehen und Bücher zu verkaufen. Meine Freunde fuhren während der Verkaufsschulung nach Hause und so musste ich ganz allein losziehen. Und machte folgende Entdeckung: Niemand kann Hausierer leiden. Mein erster Tag war schrecklich.

„Hallo, mein Name ist Max…" *Wumms.*

„Hallo, mein Name ist Max…" *Wumms.*

„Hallo, mein Name ist Max…" *Wumms.*

Der zweite Tag lief kein bisschen besser. Ich war am Boden zerstört. Zum Mittagessen schleppte ich mich in ein Lokal, pflegte mein angekratztes Ego und aß einen Hamburger. Als ich meine Rechnung bezahlte, fiel mein Blick auf ein Display mit Kühlschrankmagneten neben der Kasse, auf denen Binsenweisheiten standen. Einer davon war gelb, hatte die Form einer Zitrone, und auf ihm standen die Worte: „Wenn das Leben dir eine Zitrone gibt, mach Limonade draus."

Der Spruch war nicht mehr als eine schlichte und etwas kitschige Bauernweisheit. Doch ich hatte ihn noch nie gehört. Und er brachte mich dazu, den Job zu behalten. Ich kaufte den Magneten und befestigte ihn an einem Metallstreifen am Armaturenbrett meines '73er-Plymouth Duster. Wenn ich wieder einmal völlig entmutigt war, rieb ich mit dem Daumen über die Gummizitrone und erinnerte mich daran: *Ich kann zulassen, dass mir diese Erfahrungen das Leben schwer machen, oder ich kann mir Limonade machen.*

Die Leute schlugen mir weiterhin die Tür vor der Nase zu, und mich trieb die Frage um, was um alles in der Welt ich nur so weit weg von zu Hause machte. Doch ich überlebte diese schwierige Zeit.

Seit diesem Tag in dem Diner sind vierzig Jahre vergangen. Vieles hat sich verändert. Doch eines ist dasselbe geblieben: Das Leben verteilt noch immer Zitronen.

Natürlich ist mein schlimmer Sommer von damals nichts im Vergleich zu den Zitronen, die Ihnen gegeben wurden. Erst vor Kurzem unterhielt ich mich mit einer älteren Frau, bei deren Mann Demenz diagnostiziert worden war. Sie muss ihm jetzt seine Autoschlüssel wegnehmen. Ich sprach mit einer alleinerziehenden Mutter, die sich nicht mehr daran erinnern kann, wann sie das letzte Mal eine Nacht durchgeschlafen hat. Sie fragt sich, ob sie es schaffen wird, ihre Kinder großzuziehen. Ich unterhielt mich mit einem Mann mittleren Alters, der mit den Folgen einer Scheidung kämpft. Er fragt sich, ob er jemals eine glückliche Familie haben wird.

———————————

Das Leben verteilt Zitronen

an gute Menschen, an

schlechte Menschen, an alte

Menschen, an alle Menschen.

Zitronen gehören zum Leben

einfach dazu.

———————————

Das Leben verteilt noch immer Zitronen. Das Leben verteilt Zitronen an gute Menschen, an schlechte Menschen, an alte Menschen, an alle Menschen. Zitronen gehören zum Leben einfach dazu.

Doch wir müssen sie nicht aussaugen.

Ich schrieb irgendwann einmal den folgenden Entschluss nieder:

Heute, ich werde heute leben.

Gestern ist Geschichte.

Morgen ist noch nicht da.

Ich bin noch im Heute.

Also, heute, ich werde heute leben.

Das Gestern nochmals durchleben?

Nein. Ich werde daraus lernen.

Ich werde dafür um Vergebung bitten.

Ich werde mich darüber freuen.

Doch ich werde nicht darin leben.

Fürs Gestern ist die Sonne untergegangen.

Fürs Morgen muss die Sonne erst noch aufgehen.

Sorgen über die Zukunft machen? Warum?

Sie verdient einen kurzen Blick, mehr nicht.

Vor morgen kann ich das Morgen nicht ändern.

Heute, ich werde heute leben.

Ich werde den heutigen Herausforderungen mit der Kraft entgegentreten, die mir heute zur Verfügung steht.

Ich werde den heutigen Tanz zur heutigen Musik tanzen.

Ich werde die heutigen Gelegenheiten mit der Hoffnung feiern, die mir heute zur Verfügung steht.

Heute.

Ich werde heute lachen, lauschen, lernen und lieben. Und morgen, wenn das Morgen denn kommt, werde ich genau das wieder tun.

Ein neuer Tag erwartet Sie. Eine neue Lebensphase, in der Sie sich weniger sorgen und mehr vertrauen werden. Eine Lebensphase mit weniger Angst und mehr Vertrauen. Können Sie sich ein Leben vorstellen, in dem Sie sich keine Sorgen machen müssen? Gott kann das. Und mit seiner Hilfe werden Sie genau das auch erleben.

Fragen zur Vertiefung

Von Jessalyn Foggy

KAPITEL 1

Weniger Sorgen,
mehr Vertrauen

Lesen Sie Philipper 4,4–9.

Nehmen Sie das Chaos in Ihrem Leben in Angriff

1. Max zählt verschiedene Arten von Sorge auf: „unterschwellige Angst", „Nervosität" und „Grauen", um nur ein paar zu nennen.

- Selbst wenn Sie sich nicht für jemanden halten, der mit Sorgen zu kämpfen hat: Kommt Ihnen eine der Bezeichnungen vertraut vor? Wenn ja, welche?

- Wenn Sorge schon seit einer Weile Teil Ihres Lebens ist: Welcher der oben erwähnten Begriffe trifft Ihre Situation am besten? Warum?

2. Definieren Sie „Sorge" in Ihren eigenen Worten auf der Grundlage Ihrer Erfahrungen. Welche Rolle spielt Sorge in Ihrem Leben?

3. *„Sorge und Furcht sind Vettern, keine Zwillinge."* Sehen Sie das auch so? Wenn ja: Inwiefern zeigen sich diese beiden auf unterschiedliche Weise in Ihrem Leben?

4. Nehmen Sie sich ein wenig Zeit, um Ihren persönlichen Sorgen auf den Grund zu gehen.
   • Was hält Sie nachts wach oder weckt Sie früh am Morgen auf?
   • Was lenkt Sie fortwährend von der aktuellen Aufgabe ab?
   • Was lässt Sie eine Beklemmung in der Brust spüren?
   • Wenn sich Ihre Ängste von Tag zu Tag ändern, dann benennen Sie, was Ihnen gerade durch den Kopf geht und auf dem Herzen liegt.

Entscheiden Sie sich für die Ruhe

5. Denken Sie über die folgende Aussage nach: *„Man hat uns weisgemacht, dass das Leben als Christ ein friedliches Leben ist, und wenn wir keinen Frieden haben, dann ist das unsere eigene Schuld."* Wenn Sie diese Auffassung bislang geteilt haben: Wie fühlen Sie sich, wenn Sie Philipper 4,4–9 lesen?
   • Motiviert Sie das Gelesene?
   • Entmutigt es Sie?
   • Kommt Ihnen das Beschriebene unerreichbar vor?

4 1Q Sui des Ausup! 4.12.0

6. *„Sich Sorgen zu machen ist keine Sünde; es ist ein Gefühl."* Kapitel 1 zeigt vier Ursachen für Sorge auf: Veränderung, das Lebenstempo, persönliche Herausforderungen und das Älterwerden.

- Denken Sie an eine Zeit, in der eine Veränderung in Ihrem Leben Ihnen Sorgen bereitet hat. Welcher Aspekt an einer Veränderung selbst führt dazu, dass Sie sich Sorgen machen?
- Denken Sie über Ihr derzeitiges Lebenstempo nach. Leben Sie eher im *Überlebens*modus? Wenn ja: Zu wie vielen Punkten auf Ihrer Aufgabenliste haben Sie aus Pflichtbewusstsein oder dem Verlangen, gebraucht zu werden, Ja gesagt? Gibt es etwas, zu dem Sie Nein sagen könnten, was dann für ein wenig Freiraum sorgen würde? Warum oder warum nicht?
- Bei persönlichen Herausforderungen kann es sich um die verschiedensten Dinge handeln, aber meist beschäftigen diese Themen Sie eine ganze Weile, vielleicht sogar ein Leben lang. Daher ist es wichtig, sich mit ihnen zu befassen. Was sind einige der persönlichen Herausforderungen, die Ihnen Sorge bereiten? Handelt es sich hierbei um Angelegenheiten, die sich Ihrer Kontrolle entziehen? Wenn ja: Beten Sie derzeit täglich für diese Themen?
- Was erschreckt Sie am meisten am Älterwerden? Denken Sie darüber nach, wie die Bibel über das Alter spricht (Sprüche 16,31; Jesaja 46,4; Hiob 12,12). Klingen diese Verse anders, als wenn wir heute als Gesellschaft über das Alter reden? Wenn ja, inwiefern?

7. Lesen Sie die folgenden Bibelstellen, und achten Sie auf die
   Verheißung, die jede davon enthält:

*Verlass dich nicht auf deinen eigenen Verstand, sondern ver-
traue voll und ganz dem Herrn! Denke bei jedem Schritt an
ihn; er zeigt dir den richtigen Weg und krönt dein Handeln
mit Erfolg* (Sprüche 3,5–6).

*„Kommt alle her zu mir, die ihr euch abmüht und unter eurer
Last leidet! Ich werde euch Ruhe geben. Vertraut euch meiner
Leitung an und lernt von mir, denn ich gehe behutsam mit
euch um und sehe auf niemanden herab. Wenn ihr das tut,
dann findet ihr Ruhe für euer Leben. Das Joch, das ich euch
auflege, ist leicht, und was ich von euch verlange, ist nicht
schwer zu erfüllen"* (Matthäus 11,28–30).

*„Auch wenn ich nicht mehr da bin, wird doch der Friede bei
euch bleiben. Ja, meinen Frieden gebe ich euch – einen Frieden, den euch niemand sonst auf der Welt geben kann. Deshalb seid nicht bestürzt und habt keine Angst!"* (Johannes
14,27).

*Überlass alle deine Sorgen dem Herrn! Er wird dich wieder
aufrichten; niemals lässt er den scheitern, der treu zu ihm
steht* (Psalm 55,23).

*Deshalb beugt euch unter Gottes mächtige Hand. Dann wird
Gott euch aufrichten, wenn seine Zeit da ist. Ladet alle eure
Sorgen bei Gott ab, denn er sorgt für euch* (1. Petrus 5,6–7).

Auch wenn es durch dunkle Täler geht, fürchte ich kein Un-
glück, denn du, Herr, bist bei mir. Dein Hirtenstab gibt mir
Schutz und Trost (Psalm 23,4).

• Wie können diese Verheißungen Ihre Haltung zu dem vor
Ihnen liegenden Tag verändern?

• Was sagen diese Verheißungen über Gottes Macht ver-
glichen mit den Sorgen, die Sie beschäftigen?

8. Schreiben Sie das R.U.H.E.-Akronym auf einen Zettel, und
hängen Sie diesen irgendwo sichtbar auf. Auf diese Weise erinnern Sie sich daran, dass „Gottes Friede, der all unser Verstehen übersteigt, eure Herzen und Gedanken bewahren" wird.

Reden Sie voll Freude von Gottes Güte.
„Freut euch zu jeder Zeit, dass ihr zum Herrn gehört" (Philipper 4,4).

• Wie werden Sie heute Ihrer Freude über Gottes Güte Ausdruck verleihen?

Unterbreiten Sie Gott Ihre Probleme.
„... in allem sollen durch Gebet und Flehen ... eure Anliegen vor
Gott kundwerden" (Vers 6).

• Wenn Sie noch kein Gebetstagebuch führen, dann fangen Sie
doch damit an. Beginnen Sie mit Ihren heutigen Bitten.

Geben Sie Ihre Sorgen her.
„... mit Danksagung ..." (Vers 6).

• Gehen Sie vor dem Schlafengehen noch einmal die Anliegen
durch, über die Sie heute Morgen mit Gott gesprochen haben.

Danken Sie ihm dafür, dass er Sie von Ihren sorgenvollen Gedanken befreit.

Erinnern Sie sich an die guten Dinge.
„Beschäftigt euch mit den Dingen, die auch bei euren Mitmenschen als Tugend gelten und Lob verdienen" (Vers 8).
• Planen Sie Ihren Tag so, dass Sie auch Zeit allein mit Gott verbringen können.

Zum Nachdenken

Herr,
du hast zu den Stürmen auf dem Wasser gesprochen. Würdest du auch zu den Stürmen in unserem Leben sprechen? Du hast den Herzen der Apostel Ruhe geschenkt. Würdest du auch das Chaos in uns beruhigen? Du sagtest ihnen, sie sollen sich nicht fürchten. Sprich uns dasselbe zu. Die Sorgen haben uns die Kraft geraubt und uns zerschlagen und angesichts der Stürme des Lebens fühlen wir uns ganz klein. O Friedensfürst, schaffe in uns einen Geist der Ruhe.
Wenn wir die Seiten in diesem Buch umblättern, wirst du dann auch eine Seite in unserem Leben umblättern? Bring die Sorge zum Schweigen. Schenk uns Mut. Lass uns weniger Sorgen und mehr Vertrauen erfahren.
Amen.

KAPITEL 2

Freuen Sie sich darüber, dass Gott souverän ist

*Sie können nicht die Welt lenken,
doch Sie können sie Gott anvertrauen.*

Lesen Sie Jesaja 6.

Nehmen Sie das Chaos in Ihrem Leben in Angriff

1. Welche Fotos, Bilder oder Menschen kommen Ihnen in den Sinn, wenn Sie das Wort „souverän" lesen?

2. Denken Sie darüber nach, was „souverän" für Ihr tägliches Leben bedeutet. Glauben Sie, dass Sie Gott die Kontrolle über Ihr Leben gegeben haben?
   - Wenn nicht, warum?
   - Wenn ja, *vertrauen* Sie auch seiner Herrschaft?

3. Dieses Kapitel legt den Schwerpunkt auf das Konzept „Glaube geht dem Verhalten immer voraus" oder mit anderen Worten: Ihr Denken steuert Ihr Handeln.

- Was haben Sie in diesem Kapitel über Ihr Glaubenssystem gelernt?
- Lässt Ihr Verhalten darauf schließen, dass Sie ein stabiles Glaubenssystem haben? Warum oder warum nicht?

4. Es gibt viele Dinge, die es uns erschweren, daran zu glauben, dass Gottes Herrschaft auch gütig ist. Lesen Sie 2. Korinther 11,23–29 – die lange Liste der Gefahren, die Paulus durchgestanden hat. Lesen Sie danach in Philipper 1,12–13, wie Paulus seine Lebensumstände sieht.

- In welchen Situationen fällt es Ihnen schwer, Gottes Plänen und Zielen zu vertrauen?
- Haben Sie das Gefühl, dass Gott fair ist, wenn er eine eindeutige Reaktion wie die von Paulus fordert? Warum oder warum nicht?
- Was hält Sie davon ab, völlig daran zu glauben, dass Gott ein guter Vater ist, der sich um jedes Detail Ihres Lebens kümmert?
- Nehmen Sie sich die Zeit, um mit Gott über diese Hindernisse zu sprechen. Beten Sie: „Ich vertraue dir ja – hilf mir, meinen Unglauben zu überwinden!" (Markus 9,24).

5. In Hebräer 13,7–8 steht: „Denkt an die Leiter eurer Gemeinden… Vergesst nicht, wie sie Gott bis zu ihrem Lebensende die Treue gehalten haben. Nehmt euch ihren Glauben zum Vorbild. Jesus Christus ist und bleibt derselbe, gestern, heute und für immer."

- Gibt es Menschen in Ihrem Leben, die daran glauben, dass Gott alles in seiner liebevollen Hand hält, obwohl sie doch vieles hatten, worüber sie sich hätten sorgen können? Wie ging es für sie aus?
- Wie könnte ihr Vorbild Ihre Fähigkeit beeinflussen, auf Gottes Souveränität zu vertrauen?
- Lesen Sie Hebräer 11, und denken Sie über die vielen Gläubigen nach, die sowohl Segensgeschenke als auch die Härten des Leben erfahren haben, dabei aber immer Gott vertrauten, was uns heute so schwerfällt. Wie ging ihre jeweilige Geschichte aus? Hat es sich für sie „gelohnt", auf Gott zu vertrauen? Warum oder warum nicht?
- Inwiefern können Sie Ihren Sorgen durch diese Berichte etwas entgegensetzen?

Entscheiden Sie sich für die Ruhe

6. Machen Sie sich über die folgende Aussage Gedanken: *„Man kann nicht gleichzeitig von Gott und von Angst erfüllt sein."*
- Welchen Einfluss könnte diese Wahrheit darauf haben, wie Sie Ihre Freizeit verbringen?
- Welche Schritte können Sie unternehmen, um Ihr Denken zu disziplinieren?

7. *„Je besser Sie Ihren Vater kennen, desto kleiner wird Ihre Sorge."*
Wenn Sie diesen Gedanken in die Praxis umsetzen: Wie könnten Sie Gott besser kennenlernen?
- Welche bewussten Änderungen können Sie in Ihrem Tagesablauf vornehmen, um sicherzustellen, dass Gottes Wesen Ihr Denken stets bestimmt?

- Wie würde sich Ihr Verhalten ändern, wenn Sie es wagen würden, „daran zu glauben, dass Gutes geschehen wird"?

8. Stellen Sie sich heute einmal dieser Herausforderung:

„Sind Sie beunruhigt, rastlos, schlaflos? Dann freuen Sie sich darüber, dass Ihr Gott souverän ist. Tun Sie doch einmal Folgendes: Setzen Sie Ihre Befürchtungen nur eine Stunde lang Ihrer Anbetung aus. Sie werden merken, dass Ihre Sorgen dahinschmelzen wie Eis auf einem Gehweg im Juli. Die Sorge weicht in dem Maß, in dem Ihr Vertrauen wächst."

Nehmen Sie Max Lucado in der folgenden Woche doch einmal beim Wort und setzen Sie Ihren Sorgen eine Stunde Anbetung entgegen.

Zum Nachdenken

Morgengebet des heiligen Patrick
Ich erhebe mich heute
Kraft der Himmel,
Des Lichtes der Sonne,
Des Glanzes des Mondes,
Des Leuchtens des Feuers,
Des Eilens des Blitzes,
Des Sausens des Windes,
Der Tiefe des Meeres,
Der Festigkeit der Erde,
Der Härte der Felsen.

Ich erhebe mich heute,
Kraft Gottes, der mich lenken möge.
Gottes Macht erhalte mich aufrecht,
Gottes Weisheit führe mich.

Ich erhebe mich heute
Durch gewaltige Kraft,
Durch Anrufung der Dreifaltigkeit,
Durch Glauben an die Dreiheit,
Durch Bekennen der Einheit
Des Schöpfers.[1]

KAPITEL 3

Freuen Sie sich darüber, dass Gott gnädig ist

Schuld treibt die Seele in den Wahnsinn.
Gnade schenkt ihr Ruhe.

Nehmen Sie das Chaos in Ihrem Leben in Angriff

1. *„Es gibt eine Art von Schuld, die wie ein Betonklotz in der Seele sitzt und einen Menschen dazu bringt, sich dafür zu schämen, dass er am Leben ist. Es gibt eine Art von Schuld, die uns einredet: Ich habe etwas Schlechtes getan. Und dann gibt es eine andere, die uns folgern lässt: Ich bin schlecht. Und genau diese tiefe, dunkle Schuld empfand ich. Ich stand plötzlich einer Version von mir selbst gegenüber, die mir völlig fremd war."*

- Können Sie diese verwirrende, dunkle Schuld nachempfinden, die oben beschrieben wird?

- Möglicherweise wurde Ihre Schuld durch etwas ausgelöst, das Sie in der Vergangenheit getan haben, oder vielleicht wird sie von etwas ausgelöst, mit dem Sie täglich ringen. Nehmen Sie sich Zeit, um herauszufinden, was sich wirklich hinter Ihren Schuldgefühlen verbirgt.

2. Lesen Sie 1. Mose 3 – den Bericht darüber, wie die Sünde in die Welt kam. Listen Sie während des Lesens die Gefühle auf, die Adam und Eva empfanden, unmittelbar nachdem sie ungehorsam gewesen waren.

- Wann traten die negativen Gefühle zum ersten Mal auf?
- Wie kam es dazu, dass Adam und Eva nicht nur negative Gedanken hatten, sondern dann auch Gottes Gebote aktiv übertraten?
- Achten Sie darauf, in welcher Weise sie emotional und körperlich reagierten.

3. *„Listet man all die Dinge auf, die uns Sorgen bereiten, findet man darunter in aller Regel volle Terminkalender, unrealistische Anforderungen oder dichten Verkehr. Doch wir müssen tiefer graben. Hinter dem gehetzten Ausdruck auf dem Gesicht der Menschen steht nur allzu oft unbewältigtes Bedauern."*

- Stimmen Sie dieser Aussage zu? Warum oder warum nicht?
- Traf diese Aussage auch auf Adam und Eva zu?
- Könnte etwas Tiefergehendes als dichter Verkehr oder berufliche Herausforderungen der Auslöser für Ihre Sorgen sein?
- Tragen Reue oder Schuldgefühle Mitschuld an Ihren negativen Empfindungen? Warum oder warum nicht?

4. Auf den Seiten 44–45 zählt Lucado auf, auf welche Weise wir versuchen, unsere Schuld und unser Versagen zu verarbeiten.

Betäuben, leugnen, herunterspielen, begraben, bestrafen, vermeiden, abreagieren, wettmachen und *sich damit identifizieren* sind die gängigsten und am häufigsten angewandten falschen Methoden, die beschrieben werden. Lesen Sie erneut deren Beschreibungen in Kapitel 3.

- In welchen dieser falschen Ansätze verfallen Sie meist, wenn Sie ein schlechtes Gewissen haben?
- Denken Sie an Ihre Antworten auf Frage 1. Zu welchen falschen Botschaften neigen Sie, wenn Sie mit Ihrer Schuld konfrontiert werden?

5. Mit unserer Schuld konfrontiert zu werden ist unangenehm, weil es oftmals erfordert, dass wir schmerzvolle Erfahrungen oder Phasen unseres Lebens nochmals durchleben. Aber wenn wir uns nicht mit unserer Schuld befassen, ändert das nichts an unserem Problem. *„Unbewältigte Schuld macht aus Ihnen einen elenden, erschöpften, zornigen, völlig gestressten, mürrischen, verwirrten Menschen."*

- Nehmen Sie Ihre Schuld einmal unter die Lupe. Belastet Sie etwas, weil Sie jemanden um Vergebung bitten müssen? Lassen Sie sich etwas einfallen, um das zu tun. Rufen Sie diese Person an. Schreiben Sie ihr einen Brief. Erleichtern Sie Ihr Herz.
- Lesen Sie erneut Psalm 32,3-4. Können Sie Davids Worte nachvollziehen? Haben Ihre Sorge und Ihre Angst auch körperliche Auswirkungen? In welcher Weise?
- Kommt es Ihnen so vor, als würden Sie ständig weglaufen, sich ständig verstecken?
- Wenn die Antwort Ja lautet: Wem könnten Sie sich in der nächsten Woche anvertrauen? Sprechen Sie mit jemandem,

der vertrauenswürdig ist. Wenn wir etwas laut aussprechen, verliert es oftmals etwas von seiner Macht.

Entscheiden Sie sich für die Ruhe

6. Was nun? Wie können wir auf gesunde Weise weitermachen, nachdem wir unsere Sünde bekannt haben? Es gibt eine gute Nachricht für diejenigen, die sich ihrem Chaos direkt stellen:

„Ein fröhlicher Christ ist jemand, der sich gleichzeitig der Schwere der Sünde und der unermesslichen Größe der Gnade bewusst ist. Dabei wird weder die Sünde heruntergespielt noch Gottes Fähigkeit, sie zu vergeben. Wer Jesus nachfolgt, denkt über Gnade nach, nicht über Schuld. Auf diese Weise findet seine Seele Ruhe."

- Meinen Sie, dass durch die Anerkennung der Schwere Ihrer Schuld die Großartigkeit und Macht der Nachricht, dass Gott Ihnen seine Gnade schenken will, noch größer ist? Warum oder warum nicht?
- Welche Rolle spielt die eigene Entscheidung in dem obigen Zitat? Was ist Ihre Aufgabe dabei?

7. *„Meine Erlösung hängt nicht von dem ab, was ich tue, sondern ausnahmslos von dem, was Jesus am Kreuz für mich getan hat."*
   - Glauben Sie, dass das stimmt? Falls ja: Zeigt sich das auch in Ihrem Leben? Inwiefern oder inwiefern nicht?
   - Wenn Sie das nicht glauben,

„sind wir vielleicht gerade auf eine der Ursachen für Ihre Sor-
gen gestoßen. ... Was Sie getan haben, war nicht gut. Aber
Ihr Gott ist gut. Und er wird Ihnen vergeben. Er ist bereit,
in Ihrem Leben ein neues Kapitel aufzuschlagen. Um es mit
Paulus zu sagen: ‚Ich will vergessen, was hinter mir liegt, und
schaue nur noch auf das Ziel vor mir. Mit aller Kraft laufe
ich darauf zu, um den Siegespreis zu gewinnen, das Leben in
Gottes Herrlichkeit‘ (Philipper 3,13–14)."

- Nehmen Sie sich etwas Zeit, ein Gebet aufzuschreiben. Bitten Sie Gott darum, Ihnen dabei zu helfen, wirklich daran
  glauben zu können, dass seine Gnade größer ist als alles,
  was Sie jemals getan haben oder tun werden.

8. Kapitel 3 schließt mit der Geschichte von einem Trapezartis-
   ten. Lesen Sie sie erneut. Welchen geistlichen Schluss zieht Lucado daraus?

   - Was hält Sie davon ab, völlig darauf zu vertrauen, dass Gott
     Sie auffängt?
   - Es kommt uns unnatürlich vor, Vertrauen zu „praktizieren",
     aber wir sollten nicht überrascht sein, dass es diszipplinier-
     ter Anstrengung bedarf. In der Bibel werden immer wieder
     sportliche Metaphern bemüht, wenn es um das Glaubens-
     leben geht, Metaphern, die andeuten, dass man sich täglich
     darin üben und Disziplin aufbringen muss, um Kopf und
     Herz „umzuprogrammieren". Wie könnten Sie Ihren Kopf
     und Ihr Herz ganz praktisch trainieren, um täglich bewusst
     Ihre Schuld loszulassen?

Zum Nachdenken

„Ihr Vater hat noch nie jemanden fallen lassen. Und er wird auch Sie nicht fallen lassen. Sein Griff ist fest, und seine Hände sind immer geöffnet, um Sie zu ergreifen. So verkündet es der Apostel: ‚Auch in Zukunft wird mich der Herr vor allen bösen Angriffen schützen, bis er mich in sein himmlisches Reich aufnimmt. Ihm gebühren Lob und Ehre in alle Ewigkeit. Amen' (2. Timotheus 4,18)."

KAPITEL 4

Freuen Sie sich zu jeder Zeit darüber, dass Sie zu Gott gehören

Gott gebraucht alles, um zu erreichen, was er sich vorgenommen hat.

Lesen Sie 1. Mose 39–40.

Nehmen Sie das Chaos in Ihrem Leben in Angriff

1. Josef erlitt einen Rückschlag nach dem anderen. Schon bevor er von Potifars Frau der versuchten Vergewaltigung bezichtigt, so ungerecht behandelt und im Gefängnis vergessen wurde, war Josef von seinen eigenen Brüdern in die Sklaverei verkauft worden. Es gibt in der Bibel wohl niemanden, der in größerem Maß „vergessen" wurde.

- Haben Sie das Gefühl, dass man Sie vergessen hat? In welchen Bereichen Ihres Lebens ist das am schmerzlichsten?
- Welche Gefühle kommen in Ihnen hoch, wenn Sie die Aufforderung lesen: „Freut euch zu jeder Zeit, dass ihr zum Herrn gehört" (Philipper 4,4)? (Seien Sie ruhig ehrlich, wenn es Sie aufregt oder Sie sich missverstanden fühlen!)

2. Lucado geht kurz auf verschiedene Glaubenssysteme ein und darauf, wie ihrer Auffassung nach Gott mit der erschaffenen Welt umgeht:

„Weiß er eigentlich Bescheid? Interessiert es ihn überhaupt?
Deisten würden jetzt sagen: ‚Nein. Gott erschuf das Universum und überließ es dann sich selbst.'
Pantheisten würden jetzt sagen: ‚Nein. Die Schöpfung hat keine eigene Geschichte oder einen Selbstzweck; sie ist nur ein Teil Gottes.'
Atheisten würden jetzt sagen: ‚Nein.' Es überrascht nicht, dass die Philosophie, die die Existenz Gottes ablehnt, auch die Möglichkeit eines göttlichen Plans ablehnt.
Andererseits sagen aber Christen: ‚Ja, es gibt einen Gott. Ja, dieser Gott nimmt persönlich an seiner Schöpfung Anteil und greift machtvoll ein.'"

Ihre Haltung zu Gott und seinem Handeln in und mit seiner Schöpfung ist in schweren Lebensumständen maßgeblich für Ihre Gefühle ihm gegenüber.
- Wie würden Sie Gottes Zusammenwirken mit der Schöpfung beschreiben?
- Worauf gründen Sie das?

189

3. „*„Denn Christus war vor allem anderen; und alles hat nur durch ihn Bestand"* (Kolosser 1,17). *Wenn er sich aus seiner Schöpfung zurückziehen würde, fiele die Welt in sich zusammen. Seine Abdankung würde unsere Auflösung bedeuten. „Denn in ihm, dessen Gegenwart alles durchdringt, leben wir, bestehen wir und sind wir"* (Apostelgeschichte 17,28; NGÜ).
   * Lesen Sie Kolosser 1 und Apostelgeschichte 17.
   * Was tragen diese Informationen zu Ihrer persönlichen Sicht von Gottes Teilhabe an unserem täglichen Leben bei?

4. Nach dem, was wir über Josef gelesen haben, schien er trotz der schwierigen Lebensumstände, die er fortwährend durchzustehen hatte, an seinem Vertrauen in Gott festgehalten zu haben.
   * Was meinen Sie: Warum ließ Gott es zu, dass Josef Zurückweisung, Ungerechtigkeit, Demütigung und Verlust erlitt – und das nicht nur ein Mal, sondern immer und immer wieder?
   * Haben Sie schon einmal wie Josef reagiert und doch das Gefühl gehabt, dass Gott so viel Leid zuließ, dass aber nichts Gutes daraus hervorgehen könnte? Wenn ja, wie hat das Ihr Bild von Gottes Wesen geformt?
   * Sind Sie der Meinung, dass eine Belohnung verdient, wer auch in schwierigen Zeiten an Gott festhält? Schuldet Gott Ihnen etwas für Ihre Ausdauer? Warum oder warum nicht? Seien Sie ehrlich zu sich selbst.

5. Denken Sie über Ihr Leben nach und über das Leben anderer Christen, die Sie kennen. Haben schreckliche Erlebnisse je zu irgendetwas Gutem geführt?

- Greifen Sie sich ein solches Erlebnis heraus und erstellen Sie eine Liste: Welches „Licht" entsprang aus der Finsternis dieser Situation?
- Wie bringen Sie Tragödien, von denen in den Nachrichten berichtet wird, in Einklang mit Ihrem Verständnis von einem liebenden Gott?

Entscheiden Sie sich für die Ruhe

6. Wir können nicht selbst die Fähigkeit entwickeln, uns „zu jeder Zeit zu freuen". Etwas außerhalb von uns selbst, außerhalb von unseren Erfahrungen *muss* uns dabei helfen. Das Leben ist zu hart und zu schmerzlich und bietet uns einfach nicht genügend Augenblicke des Hochgefühls, dass wir wirklich in der Lage wären, uns *zu jeder Zeit zu freuen*. Hätte Josef versucht, sich immer nur in den kurzen Augenblicken zu freuen, in denen er wirklich glücklich war, hätte er sicher niemals an Gott festgehalten.

- Alles hängt von der Perspektive ab. Investieren Sie so viel Zuneigung, Identität und Lebenssinn in etwas, das Sie vielleicht verlieren könnten?
- Wenn Sie Ihr Leben Jesus anvertraut haben und ein Kind Gottes sind, ist dieses Leben unbedeutend im Vergleich mit der Ewigkeit. Wie können Sie Ihren Blick, Ihre Zuneigung, Identität und Ihren Lebenssinn auf das ausrichten, was erst noch kommt?
- Spendet Ihnen die Vorstellung von einer Ewigkeit ohne Schmerz, Leid oder Verlust Trost für dieses Leben und für alles, mit dem Sie hier und jetzt konfrontiert werden? Freuen Sie sich, wenn Sie an diese Zukunft denken, die Ihnen verheißen ist? Warum oder warum nicht?

7. Gehen Sie noch einmal zu Frage Nr. 1 zurück. Denken Sie an die Dinge oder Personen, die in gewisser Weise dafür verantwortlich sind, dass Sie das Gefühl haben, man hätte Sie vergessen, und lesen Sie die folgenden Bibelstellen:

Jesaja 49,15–16

Jesaja 53

- Wenn Gott bereit war, seinen Sohn für Sie sterben zu lassen, glauben Sie dann wirklich, dass er Sie vergessen hat? Wenn Jesus bereit war, für Sie jedes Elend zu erleiden, das der Menschheit bekannt ist, glauben Sie dann wirklich, dass er Ihre Prüfungen (so qualvoll sie auch sein mögen) zulässt, weil er Sie nicht liebt?

- Manchmal ergeben Tragödien keinen Sinn. Wir müssen vielleicht bis zur Ewigkeit warten, um eine Antwort auf die Frage nach dem Warum zu erhalten. Aber wir wissen, dass er uns liebt und unseren Namen in seine Handflächen geschrieben hat. Nehmen Sie sich Zeit, um über diese Wahrheit nachzudenken.

8. Sich zu freuen sieht nicht immer so aus, wie wir vielleicht denken mögen. Es muss kein lachendes Gesicht und keine optimistische Persönlichkeit sein.

- Lesen Sie 2. Korinther 6,4–10.
- Schreiben Sie in Ihren eigenen Worten auf, was es bedeutet, sich zu jeder Zeit zu freuen.

9. Jeder Tag stellt uns vor Entscheidungen.

„Doch wenn die Geschichte von Josef uns eines lehren kann, dann das: Wir haben eine Wahl. Wir können unseren

Schmerz tragen oder unsere Hoffnung. Wir können uns in
unser Unglück hüllen oder uns mit Gottes Fürsorge kleiden.
Wir können unter dem Chaos des Lebens zusammenbrechen
oder uns auf den vollkommenen Plan Gottes stützen. Und
wir dürfen auf diese Verheißung vertrauen: „Das eine aber
wissen wir: Wer Gott liebt, dem dient alles, was geschieht,
zum Guten. Dies gilt für alle, die Gott nach seinem Plan und
Willen zum neuen Leben erwählt hat" (Römer 8,28)."

- Wie können Sie sich bewusst für die Hoffnung entscheiden? Was müssen Sie vielleicht aufgeben, um das zu erreichen?
- Dass Sie sich hin und wieder Sorgen machen, ist unausweichlich. Aber worüber könnten Sie sich in solchen Augenblicken dennoch freuen?

Zum Nachdenken

Mir ist wohl in dem Herrn

Wenn Friede mit Gott meine Seele durchdringt,
ob Stürme auch drohen von fern,
mein Herze im Glauben doch allezeit singt:
Mir ist wohl, mir ist wohl in dem Herrn.

Wenn Satan mir nachstellt und bange mir macht,
so leuchtet dies Wort mir als Stern:
Mein Jesus hat alles für mich schon vollbracht;
ich bin rein durch das Blut meines Herrn.

Die Last meiner Sünde trug Jesus, das Lamm,
und warf sie weit weg in die Fern;
er starb ja für mich auch am blutigen Stamm;
meine Seele, lobpreise den Herrn!

Nun leb ich in Christus, für ihn ganz allein;
sein Wort ist mein leitender Stern.
In ihm hab ich Fried und Erlösung von Pein,
meine Seele ist fröhlich im Herrn.[2]

KAPITEL 5

Ruhe, die ansteckend ist

*Es besteht kein Grund zur Sorge,
denn Gott ist nahe.*

Nehmen Sie das Chaos in Ihrem Leben in Angriff

1. Denken Sie über die folgende Aussage nach:

> *„Sie werden versucht sein, den roten Knopf zu drücken und abzufeuern – keine Nuklearsprengköpfe, aber Wutausbrüche, voreilige Schuldzuweisungen, einen hitzigen Gegenschlag verletzender Worte. Eine außer Kontrolle geratene Sorge ist eine Bombe, die eine unglaubliche Zerstörung anrichtet. Wie viele Menschen wurden schon verletzt, weil man die eigenen Sorgen mit ungezügelter Arbeitswut betäuben wollte?"*

- Wie reagieren Sie auf das Unerwartete?
- Würden diejenigen, die Ihnen nahestehen, Sie als „erfahren und reif" beschreiben? Warum oder warum nicht?

- Was bringt Sie dazu, Ihren Gefühlen freien Lauf zu lassen?
- Haben Sie das Gefühl, dass Sie in der Lage sind, Ihre instinktiven Reaktionen in Momenten zu kontrollieren, in denen sich alles schnell verschlechtert? Wenn ja: Was hilft Ihnen dabei, das zu tun?

2. Kennen Sie Menschen, die sich durch eine besondere innere Ruhe auszeichnen?
   - Wie fühlen Sie sich, wenn Sie an diese Menschen denken?
   - Sind Sie gerne in ihrer Nähe?
   - Wie reagieren andere Menschen auf sie oder wie gehen sie mit ihnen um?
   - Welche weiteren Qualitäten und Charaktereigenschaften haben diese Personen, die vielleicht ein Nebenprodukt ihrer ansteckenden Ruhe sind?
   - Haben Sie schon einmal erlebt, dass eine stressige Situation beigelegt wurde, weil jemand ruhig und besonnen reagiert hat?

3. Lesen Sie in allen vier Evangelien den Bericht, wie Jesus den Fünftausend zu essen gab (Matthäus 14,13–21; Markus 6,30–44; Lukas 9,10–17; Johannes 6,1–15).
   - Achten Sie auf die spontane Reaktion der Jünger in jedem der Berichte. Wie haben sie sich verhalten?
   - Versetzen Sie sich einmal in ihre Lage. Stellen Sie sich vor, fünfzig Personen kämen unerwartet zum Abendessen vorbei. Überlegen Sie hier nicht, was Sie *tun*, sondern wie Sie *reagieren* würden. Erläutern Sie Ihre Antwort.

4. Unsere Sorgen verschlimmern sich, wenn wir das Gefühl haben, die Kontrolle zu verlieren. Verstärkt wird es dann noch, wenn wir das Gefühl haben, dass alles von uns abhängt oder wir die Einzigen sind, die eine Situation bereinigen können. Und wenn wir uns einsam fühlen, wird es noch schlimmer.

- Wann fühlen Sie sich am meisten einsam und allein?
- Ist eine Situation, Person, Erfahrung oder eine bestimmte Phase in Ihrem Leben schuld daran, dass Sie sich allein fühlen?
- Gibt es jemanden, an den Sie sich wenden, wenn Sie sich einsam und allein fühlen?
- Hat dieser Mensch Sie jemals enttäuscht? Oder noch schlimmer: Hat dieser Mensch schon einmal Ihre Einsamkeit verstärkt?

Entscheiden Sie sich für die Ruhe

5. Wenn andere uns enttäuscht haben, ist die Freundschaft mit Gott unbezahlbar. Lesen Sie Psalm 25,14.
- Haben Sie eine *freundschaftliche Beziehung* zu Gott?
- Wie könnte es Ihre Haltung zu Ihrer derzeitigen Situation verändern, wenn Sie sich vorstellen, dass Gott ein treuer Freund ist, der Sie morgens zu einem langen Spaziergang einlädt oder zu einem Gespräch bei einer Tasse Kaffee?
- Nehmen Sie sich in dieser Woche Zeit, um sich mit Ihrem himmlischen Freund zu treffen. Kommen Sie innerlich in dem Wissen zur Ruhe, dass er Sie sieht und mit Ihnen fühlt, mehr als es sonst jemand in Ihrem Leben kann.

6. Es kommt selten vor, dass man sich von einem anderen Menschen wirklich gekannt und verstanden fühlt; tatsächlich ist es ein Luxus, kein Geburtsrecht.

- Lesen Sie Psalm 139. Listen Sie auf, wie gut Gott Sie kennt.
- Gibt es diesem Psalm zufolge irgendetwas in Ihrem Leben oder Ihrer Person, das er nicht verstehen würde? Welchen Einfluss hat dieses Wissen auf Ihre Gebete?

Wenn wir uns zutiefst einsam fühlen, bietet uns der Eine, der „mich mit meinem Innersten geschaffen, im Leib meiner Mutter ... mich gebildet" hat, eine Freundschaft an, eine Nähe, wie kein Mensch das vermag. Gott schuf unser Innerstes und unser Äußerstes. Er kennt uns und unsere Gefühle, unsere Seele und unseren Geist besser als jeder andere.

7. Lesen Sie diese Definition von Ruhe: „Nichts wird ihn zu Fall bringen, ein solcher Mensch wird nie vergessen werden! Er fürchtet sich nicht vor schlechten Nachrichten, sein Herz ist voller Zuversicht, denn er vertraut dem Herrn. Er lässt sich nicht erschüttern und hat keine Angst, denn er weiß, dass er über seine Feinde triumphieren wird" (Psalm 112,6-8).

- Worin hat die innere Standfestigkeit diesen Versen zufolge ihren Ursprung?
- Bitten Sie Gott heute darum, dass Sie seiner Nähe und Gegenwart vertrauen.

Zum Nachdenken

„Als gewissermaßen ultimative Erklärung, dass er Gemeinschaft mit uns haben will, nannte Gott sich selbst Immanuel, was ‚Gott mit uns' bedeutet. Er wurde ein Mensch. Er trug unsere Sünde. Er

besiegte den Tod. Er ist noch immer bei uns. In der Gestalt seines Heiligen Geistes tröstet und lehrt er uns und führt uns unser Fehlverhalten vor Augen.

Und glauben Sie nicht, dass Gott nur aus der Entfernung zusieht. Vermeiden Sie den Treibsand, an dem das Schild steht: ‚Gott hat dich verlassen!‘ Gehen Sie dieser Lüge nicht auf den Leim. Wenn doch, wird Ihr Problem noch durch ein Gefühl der Einsamkeit vergrößert. Es ist eine Sache, einer Herausforderung zu begegnen, aber ihr ganz allein zu begegnen? Isolation erschafft eine Abwärtsspirale der Sorge. Entscheiden Sie sich stattdessen dafür, der Mensch zu sein, der sich mit beiden Händen an der Gegenwart Gottes festkrallt. ‚Der Herr ist auf meiner Seite, ich brauche mich vor nichts und niemandem zu fürchten. Was kann ein Mensch mir schon antun?‘" (Psalm 118,6).

KAPITEL 6

Gebet,
nicht Verzweiflung

Friede wird uns dann geschenkt,
wenn Menschen beten.

Nehmen Sie das Chaos in Ihrem Leben in Angriff

1. Denken Sie über Ihre Haltung zum Gebet nach. Vielleicht sind Sie schon seit sehr langer Zeit Christ und finden es nicht gerade aufregend zu beten. Vielleicht sind Sie aber auch erst seit Kurzem Christ und überwältigt von dieser Ehrfurcht einflößenden Interaktion mit Gott.

   - Was trifft auf Sie zu: Sind Sie abgestumpft, verwirrt oder gleichgültig, oder sind Sie vom Gebet völlig begeistert?
   - Versuchen Sie, Ihr Gebetsleben in einem Satz zu beschreiben.

2. Lesen Sie das Gleichnis über die beiden völlig unterschied-
lichen Personen in Lukas 18,1–8, auf das am Anfang von Kapitel 6 Bezug genommen wird.

- Lesen Sie die Verse erneut durch und notieren Sie die Unterschiede zwischen Ihnen und der Witwe in einer Spalte
und die Unterschiede zwischen Gott und dem Richter in
einer zweiten Spalte.

- Was sagt es Ihrer Meinung nach über die Natur des Gebets
aus, dass Jesus wusste, dass wir eine Geschichte brauchen
würden, die uns dazu inspiriert, fortwährend zu beten und
nicht damit aufzuhören?

- Was ist die eine Eigenschaft oder Haltung, die sich wie ein
roter Faden durch dieses Gleichnis zieht? Welches Merkmal
des Gebetslebens wird am stärksten hervorgehoben?

3. Das Gleichnis endet mit der Frage: „Wird der Menschensohn,
wenn er kommt, auf der Erde überhaupt noch Menschen mit
einem solchen Glauben finden?"

- Was lässt das durchblicken?

- Wie würden Sie diese Frage beantworten?

4. *„Gott zögert nichts hinaus. Er legt Sie nie in die Warteschleife
oder sagt Ihnen, Sie sollen später noch einmal anrufen. Gott
liebt es, den Klang Ihrer Stimme zu hören. Jederzeit. Er verkriecht sich nicht, wenn Sie ihn anrufen. Er hört Ihre Gebete."*

- Fällt es Ihnen schwer zu glauben, dass Gott Ihre Gebete hören will? Warum oder warum nicht?

- Gibt es eine Erfahrung oder Situation, die Ihre Meinung tief
beeinflusst hat? Erzählen Sie davon.

- Wenn Sie mit Sicherheit wüssten, dass Gott Ihre Gebete hört, wie würde das Ihr Gebetsleben verändern?

5. Lesen Sie den Schluss von Lukas 18, die Verse 35–43. Wie es für die Heilungen, die Jesus durchgeführt hat, typisch ist, sagt er zu dem Blinden: „Dein Glaube hat dich geheilt."
   - Wie zeigt sich der Glaube des Blinden bei dieser Geschichte? Betrachten Sie sorgfältig die in dem Abschnitt verwendeten Wörter.
   - Beachten Sie auch die Volksmenge in diesem Bericht. Wie reagiert sie vor der Heilung? Wie reagiert sie nach der Heilung?
   - Hatten Sie schon einmal das Gefühl, dass Sie mit Ihrem Glauben an die Macht des Gebets allein dastehen?
   - Bringt die Meinung der anderen Ihren Glauben an die Macht des Gebets ins Wanken?
   - Was könnte dieser Bericht über die Auswirkungen Ihres Gebets auf die Menschen in Ihrem Umfeld aussagen?

Entscheiden Sie sich für die Ruhe

6. Lucado nennt in Kapitel 6 die Vorteile des *konkreten* Gebets. Ein konkretes Gebet ist „ein ernsthaftes Gebet" und „bietet uns die Gelegenheit, Gott bei der Arbeit zuzusehen", und es „macht unsere Last leichter".
   - Denken Sie über die Dinge nach, die Ihnen Sorgen bereiten. Sprechen Sie ganz konkret mit Gott darüber?
   - Falls ja: wie? Falls nein: Wie könnten Sie das machen?

7. Gebet erfordert Disziplin und Hingabe. Es erfordert eine gewisse Anstrengung, weil wir uns dafür gezielt Zeit nehmen müssen, und es erfordert Glauben, damit wir am Ball bleiben. Wenn wir nicht glauben, dass Gott uns hört oder dass er sich um unsere Anliegen kümmert, wird unsere Entschlossenheit schnell nachlassen.

„So demütigt euch nun unter die gewaltige Hand Gottes, damit er euch erhöhe zu seiner Zeit. Alle eure Sorge werft auf ihn; denn er sorgt für euch" (1. Petrus 5,6–7).

- Warum sollten Sie laut diesen Versen Ihre Sorgen an Gott übergeben?

- Ist das ein hinreichender Grund, um ins Gebet einige Anstrengung zu investieren?

- Beachten Sie: In diesen Versen wird nicht verlangt, dass Sie Ihre Sorgen vergessen oder verdrängen. Petrus erkennt an, dass Ihre Sorgen tatsächlich da sind. Anstatt sie zu verdrängen, sollten Sie sie im wahrsten Sinne des Wortes *auf* Gott legen. Er sagt Ihnen, dass Sie die Last von sich auf ihn übertragen sollen. Wie könnte dieses Bild die Art und Weise lenken, wie Sie beten?

- Legen Sie jeden Tag eine Zeit fest, zu der Sie Ihre Sorgen auf einem Blatt Papier auflisten. Falten Sie die Liste dann zusammen und legen Sie sie irgendwo hin (in einen Korb, eine Schublade usw.). Wenn Sie dann im Verlauf des Tages anfangen, sich Sorgen zu machen, dann erinnern Sie sich daran, dass Sie Ihre Lasten bereits an Gott abgegeben haben.

8. Notieren Sie sich bei Ihrer eigenen Bibellektüre drei Verheißungen Gottes, die Sie besonders ansprechen. Nehmen Sie

Gott beim Wort, und bitten Sie ihn, dass er in Ihrem Leben tut, was er bereits versprochen hat, dass er tun würde.

Zum Nachdenken

„Kommt her zu mir, alle, die ihr mühselig und beladen seid; ich will euch erquicken. Nehmt auf euch mein Joch und lernt von mir; denn ich bin sanftmütig und von Herzen demütig; so werdet ihr Ruhe finden für eure Seelen. Denn mein Joch ist sanft, und meine Last ist leicht" (Matthäus 11,28–30).

KAPITEL 7

Große Dankbarkeit

*Wenn unsere Zufriedenheit
auf dem Wissen gründet,
was Jesus für uns getan hat,
macht uns das zu starken Menschen.*

Nehmen Sie das Chaos in Ihrem Leben in Angriff

1. Denken Sie über diese Frage nach: *„Kommt es Ihnen so vor, als wäre ein gutes Leben bloß ein* Wenn nur *entfernt? Einen Einkauf weit entfernt? Eine Beförderung weit entfernt? Eine Wahl, Veränderung oder Affäre weit entfernt?"*
   - Was ist das *Wenn nur*, von dem Sie in letzter Zeit abgelenkt wurden? Manchmal sind die Dinge, die wir anstreben, etwas Gutes, aber die Besessenheit, mit der wir in ihren Genuss kommen wollen, verschlingt uns. Gute Dinge werden zu schlechten Dingen, wenn sie unser ultimatives Ziel werden.
   - Ist Ihr *Wenn nur* an und für sich selbst etwas Gutes? Wenn ja, ist Ihre Hingabe daran gefährlich?

2. Welche Angewohnheiten haben Sie angenommen, um Ihrem *Wenn nur* nachzujagen?
   - Sind diese Dinge gesund?
   - Warum oder warum nicht?

3. Nehmen Sie sich ein wenig Zeit, um auf Ihrem Kalender den vergangenen Monat zu betrachten. Nehmen Sie sich anschließend ein wenig Zeit, um in Ihrem Tagebuch zu lesen, oder – falls Sie nicht Tagebuch führen – denken Sie nochmals darüber nach, was Sie den Tag über von Ihren Zielen ablenkt.
   - Womit haben Sie heute die meiste Zeit verbracht?
   - Worin investieren Sie Ihre geistige Energie?
   - Erkennen Sie ein Muster? Sind da gewisse Dinge, die Ihnen Zeit, Verstandeskraft und Ressourcen stehlen? Was sagt das über Ihre Vorstellung vom „guten Leben" aus?

4. Finden Sie sich in der folgenden Beschreibung wieder: *„Sie wollen den Fluss endlich überqueren und machen sich Gedanken darüber, dass Ihnen das niemals gelingen wird"*?
   - Haben Sie einen Plan für Ihr Leben, von dem Sie befürchten, dass er niemals Wirklichkeit werden wird?
   - Wenn dieser Traum niemals wahr würde, wäre Ihr Leben in Ihren Augen immer noch wertvoll und gut? Warum oder warum nicht?

Entscheiden Sie sich für die Ruhe

5. In Kapitel 7 geht es um zwei unterschiedliche Listen: die „Wenn nur"-Liste und die „Bereits"-Liste. Sie haben in Frage 1

alle Ihre „Wenn nur" aufgelistet. Nehmen Sie sich jetzt Zeit, um Ihre „Bereits"-Posten aufzuschreiben.

- Können Sie ein paar Dinge nennen, für die Sie dankbar sind?
- Können Sie ein paar Dinge nennen, die Ihnen geschenkt wurden, von denen Sie dachten, dass das nie geschehen würde?

6. Lesen Sie Philipper 4,11–13.

„Interessant ist, dass Paulus hier das Wort ‚vertraut' verwendet. Er sagt nicht: ‚Ich habe das Prinzip gelernt.' Oder: ‚Ich habe das Konzept gelernt.' Stattdessen schreibt er: ‚Mit allem bin ich voll und ganz vertraut', als sei es ein Geheimnis."

- Was denken Sie: Warum ist es so schwer, zufrieden zu sein?
- Glauben Sie, dass es Ihnen möglich ist, das zu finden, was Paulus gefunden hat – Zufriedenheit –, ganz egal, was passiert?

7. Zufriedenheit, die nicht von irgendwelchen äußeren Umständen abhängig ist – das klingt ermüdend und irgendwie so, als würde es uns noch zusätzlich Sorgen einbringen.

- Wenn Sie sich auf Gaben konzentrieren, die Sie bereits haben und die Sie nicht verlieren können, wie könnte sich dann Ihre Haltung verändern?
- Wie würden sich Ihre Beziehungen zu anderen Menschen verändern?

Zum Nachdenken

„Tod, Versagen, Verrat, Krankheit, Enttäuschung – sie können uns die Freude nicht nehmen, weil sie uns Jesus nicht nehmen können. ...

Was Sie haben, weil Sie zu Jesus gehören, ist weitaus bedeutender als das, was Sie nicht haben. Sie haben Gott, der verrückt nach Ihnen ist, und die Mächte des Himmels, die Sie bewachen und beschützen. Sie haben die lebendige Gegenwart Jesu in sich. Weil Sie zu Jesus Christus gehören, haben Sie alles, was Sie brauchen."

KAPITEL 8

Gottes Friede, Ihr Friede

Sie befinden sich vielleicht im perfekten Sturm, aber Jesus bietet Ihnen den perfekten Frieden an.

Nehmen Sie das Chaos in Ihrem Leben in Angriff

1. Haben Sie schon einmal Zeiten erlebt, von denen Sie dachten, Sie würden sie niemals überstehen?
   - Durchleben Sie jetzt gerade eine solche Zeit?
   - Wie unterscheidet – oder unterschied – sich diese Phase von anderen schweren Zeiten in Ihrem Leben?

2. Flannery O'Connor, eine Schriftstellerin, die im 20. Jahrhundert in den amerikanischen Südstaaten lebte, schrieb: „Die ganze menschliche Natur widersteht energisch der Gnade, weil Gnade uns verändert, und Veränderung ist schmerzhaft."[3]

Schmerzvolle Erfahrungen werden oftmals dadurch verstärkt, dass sie unser vertrautes Leben verändern oder unterbrechen und Narben zurücklassen.

- Haben die harten Zeiten in Ihrem Leben Sie verändert? Wenn ja, wie?
- Wenn Sie gerade den „perfekten Sturm" durchleben: Spüren Sie, dass Sie sich verändern, sei es zum Positiven oder zum Negativen? Inwiefern?
- Können Sie diese Veränderungen als eine Form von Gnade sehen? Warum oder warum nicht?

3. Manchmal löst unser Handeln die Stürme des Lebens aus und manchmal brechen die Stürme scheinbar willkürlich über uns herein.
- Gibt es etwas, das Sie bekennen müssen, bevor Sie sich in diesem Sturm an die Gnade Gottes klammern?
- Befinden Sie sich unter Umständen gerade deshalb in einem Sturm, weil Sie nicht auf Gottes Warnungen gehört haben?
- Falls Ihre Zeit der Prüfungen „plötzlich und unerwartet" über Sie hereingebrochen ist: Hält Sie etwas davon ab, den Frieden anzunehmen, den Gott Ihnen anbietet?

4. Phasen von Hoffnungslosigkeit und Sorge sind keine Stürme, die sich über Nacht wieder verziehen; sie können Jahre andauern. Tragödien gehorchen nicht den Regeln der Bequemlichkeit. Die folgenden Zeilen stammen aus dem berühmten Kirchenlied „Ein feste Burg ist unser Gott":

Ein feste Burg ist unser Gott,
ein gute Wehr und Waffen.
Er hilft uns frei aus aller Not,
die uns jetzt hat betroffen.[4]

Martin Luther (der Dichter dieses Kirchenlieds), Paulus, Daniel und zahllose andere wussten, dass es nur einen Weg gibt, wie man einen „perfekten Sturm" überlebt, eine Zeit, in der „Winde" aus den unterschiedlichsten Richtungen uns verändern wollen: Wir müssen eine feste Burg haben.

- Was ist Ihre „feste Burg"? Haben Sie etwas, an dem Sie sich während dieser Zeit der Veränderung und der Unsicherheit festhalten können, wenn Sie sich kaum selbst wiedererkennen?
- Gibt es bestimmte Säulen, auf die Sie sich in der Vergangenheit gestützt haben, die aber jetzt unter Ihrem Gewicht zerfallen sind?

Entscheiden Sie sich für die Ruhe

5. Menschen, die versuchen, Jesus nachzufolgen, wissen, dass er ihre feste Burg ist, aber noch konkreter könnte man sagen, dass der Friede Gottes eine feste Burg ist. Er ist stabil und sicher und steht allen zur Verfügung, die zu ihm gehören.

- Wie mag der Friede Gottes in Ihrer Situation aussehen?
- Haben Sie ihn schon einmal erfahren? Wenn nicht: Was hindert Sie vielleicht daran, diesen Frieden zu erleben?
- Falls Sie ihn nicht erfahren haben: Glauben Sie noch daran, dass der Friede Gottes existiert?

6. Wenn wir um etwas bitten und es dann nicht bekommen, kommt es uns so vor, als würde man uns selbst zurückweisen. Und nicht nur eine tragische Erfahrung zu machen, sondern auch noch Zurückweisung zu erleben, ist schier unerträglich. Finden Sie sich in einer der folgenden Fragen wieder?

- Sind Ihre Gebete gewissermaßen an der Zimmerdecke hängen geblieben?
- Haben Sie gebetet und keine Antwort bekommen?
- Irren Sie durch das öde Land zwischen Gebet und Antwort?
- Kommt es Ihnen so vor, als wäre Satan schuld an Ihrer Situation?

Falls ja: Sind Sie bereit, Jesus Christus weiterhin um Antworten zu bitten? Welche Möglichkeiten stehen Ihnen offen? Gibt es irgendeinen anderen Weg, der erfolgversprechender aussieht?

7. Lesen Sie Jesaja 40,31.

- Was könnte es in Ihrer Situation bedeuten, Ihre Hoffnung auf den Herrn zu setzen?
- Wenn Sie in der Wartezeit neue Kraft bekämen, wäre es dann wert zu warten?

8. In diesem Kapitel rät Lucado:

„Führen Sie mit Anbetung. Wenden Sie sich zuerst mit Gebet und Lobpreis an Ihren Vater. Erzählen Sie ihm von Ihren Ängsten. Treffen Sie sich mit anderen Menschen, die zu ihm gehören. Heben Sie den Blick zu Gott. Schnell. Rufen Sie um Hilfe. Gestehen Sie Ihre Schwachheit ein. Und dann, wenn Gott aktiv wird, werden auch Sie aktiv. Vertrauen Sie darauf,

_dass der ewige Gott für Sie kämpfen wird. Er ist Ihnen nahe,
so nahe wie Ihr nächster Atemzug."_

- Notieren Sie all die Dinge, die Sie laut dieser Liste aktiv tun sollten.
- Erwarten Sie vielleicht, dass Gott etwas bewegt, bitten ihn aber nicht explizit darum, es zu tun?
- Wächst Ihnen Ihre Depression über den Kopf, ohne dass Sie Gott um Hilfe bitten?
- Wie können Sie in Ihrer Situation mehr von Gott erwarten?
- Was brauchen Sie, um sicher zu sein, dass ihm jede Sekunde Ihres Lebens wichtig ist?
- Lesen Sie Kapitel 8 noch einmal, und notieren Sie dabei jedes Beispiel oder jede Geschichte, in denen es darum geht, dass Gott einen Sturm zurückgehalten hat. Meinen Sie, die Personen in diesen Geschichten waren sich sicher, dass ihre Geschichte so endet, wie sie es tat? Beschäftigen Sie sich in dieser Woche jeden Tag mit einer anderen Geschichte aus diesem Kapitel.

Zum Nachdenken

„Wenn du ihn hast, hast du alles; aber du hast auch alles verloren, wenn du ihn verlierst. Bleib bei Christus, auch wenn deine Augen ihn nicht sehen und dein Verstand ihn nicht fassen kann."[5]
Frei nach Martin Luther

KAPITEL 9

Denken Sie darüber nach, worüber Sie nachdenken

*Nicht Ihr Problem ist Ihr Problem,
sondern Ihre Haltung dazu.*

Nehmen Sie das Chaos in Ihrem Leben in Angriff

1. Denken Sie über die folgende Aussage nach:

> „*Ihren Geburtsort oder Ihr Geburtsdatum haben Sie sich
> nicht ausgesucht. Sie haben sich auch Ihre Eltern oder Ge-
> schwister nicht ausgewählt. Sie haben auch keinen Einfluss
> auf das Wetter oder die Menge an Salz im Ozean. Es gibt
> viele Dinge im Leben, bei denen Sie keine Entscheidungsfrei-
> heit haben. Doch die wichtigste Aktivität des Lebens haben
> Sie in der Hand: Sie können aussuchen, worüber Sie nach-
> denken.*"

- Fällt es Ihnen schwer, zu kontrollieren, worüber Sie nachdenken?
- Beschreiben Sie eine Erfahrung, bei der Sie das Gefühl hatten, dass Sie die Kontrolle über Ihre Gedanken haben.

2. Lassen Sie Ihre Gedanken schweifen?
- Woran denken Sie, wenn Sie Ihre Gedanken nicht bewusst steuern?
- Wie fühlen Sie sich danach?

3. An jedem Tag werden wir mit Informationen bombardiert, die um einen Platz in unserem Gehirn streiten (und Werbeleute verstehen ihr Geschäft!). Handys, soziale Medien und Werbung bringen eine unaufhörliche Flut von Inhalten mit sich.
- Welchen Dingen frönen Sie, selbst wenn Sie wissen, dass Sie sich von ihnen fernhalten und Ihre Gedanken auf die Wahrheit richten sollten? Listen Sie diese Dinge auf.
- Warum entscheiden Sie sich dafür, sich doch damit zu beschäftigen?
- Was fällt Ihnen an Ihren Lebensumständen oder Ihrem körperlichen Zustand auf, wenn Sie geistig nicht so auf der Hut sind?

4. Stimmen Sie mit der folgenden Aussage überein: „*Nicht Ihre Herausforderung ist die Herausforderung, vor der Sie stehen. Die Art und Weise, wie Sie über Ihre Herausforderung denken, ist die eigentliche Herausforderung. Nicht Ihr Problem ist Ihr Problem, sondern Ihre Haltung dazu*"?
- Warum stimmen Sie dieser Aussage zu oder warum nicht?

- Füllen Sie die Lücken aus: *Mein Problem ist nicht* _____; *ich lasse meine Gedanken um* _____ *kreisen.*

Entscheiden Sie sich für die Ruhe

5. Lesen Sie erneut Philipper 4,8–9. Notieren Sie die Eigenschaften, auf die wir uns laut Paulus konzentrieren sollten. Beachten Sie insbesondere die allererste Eigenschaft, die er nennt.
   - Ist das, was Ihnen Sorgen bereitet, *wahr?*
   - Ist diese Sache bereits Wirklichkeit oder etwas, das passieren *könnte?*
   - Wenn sie noch nicht eingetreten ist: Denken Sie nicht weiter darüber nach!

6. Wenn andererseits die Quelle Ihrer Sorge wirklich Realität ist, dann erstellen Sie Listen von anderen *Wahrheiten*, die gut sind. Diese Dinge entsprechen genauso der Wahrheit wie der Berg, vor dem Sie stehen.
   - Welcher Liste werden Sie in Ihren Gedanken Priorität einräumen?
   - Welche Rolle spielt dabei Ihrer Meinung nach der Heilige Geist? Kann er Ihnen helfen?

7. Zu wem gehen Sie, wenn Sie schlechte Nachrichten bekommen? Zählen Sie mindestens drei Personen auf.
   - Wo steht Gott auf der Liste?
   - Was sagt seine Position auf dieser Liste über Ihren Glauben an seine Fähigkeit aus, Ihre Probleme zu lösen, oder über seinen Wunsch, Ihre Gebete zu erhören?

8. Lesen Sie Psalm 8 und Psalm 121.
   - Was verraten Ihnen diese Bibelstellen über Gott?
   - Oft spielt für uns unsere Sicht der Probleme eine größere Rolle als unsere Sicht von Gott. Wie können Sie den Tag auf eine Weise beginnen, die Ihnen gleich zeigt, dass Gottes Macht und seine Großzügigkeit größer sind als das, was Ihnen Sorgen bereitet?

9. Notieren Sie stichwortartig all das, was Ihnen heute Sorgen bereitet, und sprechen Sie mit Gott über jeden dieser Punkte: „Jesus, dieser sorgenvolle, negative Gedanke hat sich gerade wie ein Wurm in mein Denken gefressen. Ist der von dir?" Bitten Sie Jesus, Ihnen alle Gedanken zu nehmen, die nicht von ihm kommen.

Zum Nachdenken

Gott, zu Dir rufe ich in der Frühe des Tages.
Hilf mir beten
und meine Gedanken sammeln zu Dir;
ich kann es nicht allein.

In mir ist es finster,
aber bei Dir ist das Licht;
ich bin einsam, aber Du verlässt mich nicht;
ich bin kleinmütig, aber bei Dir ist die Hilfe;
ich bin unruhig, aber bei Dir ist der Friede;
in mir ist Bitterkeit, aber bei Dir ist die Geduld;
ich verstehe Deine Wege nicht, aber
Du weißt den Weg für mich.

Vater im Himmel,
Lob und Dank
sei Dir für die Ruhe der Nacht...[6]

Dietrich Bonhoeffer
Anfang eines Morgengebets für Mitgefangene, geschrieben im
Gefängnis Berlin-Tegel

Klammern Sie sich an Jesus

*Wenn wir unseren Blick auf Gott richten,
trägt unser Leben Frucht.*

Nehmen Sie das Chaos in Ihrem Leben in Angriff

1. Unsere Gesellschaft ist sehr leistungsorientiert. Nichts ist wichtiger als Ergebnisse – bei unserer Arbeit, bei unseren sportlichen Fortschritten, bei unseren Hobbys. Wir wollen wissen, welchen Nutzen etwas hat oder was es bewirkt.
   - Betrachten Sie Ihr Glaubensleben auch aus dieser Perspektive? Woran zeigt sich das?
   - Haben Sie manchmal das Gefühl, als sei die Nachfolge Jesu eine weitere Last? Warum oder warum nicht?

2. Wie *sollten* Sie nach der Lektüre von Kapitel 10 ein Leben in der Nachfolge angehen?

3. Es ist zwar wichtig, dass wir unsere Sorgen überwinden, doch in diesem Kapitel wird ein weiteres Ziel genannt – eines, das unseren Zweck hier auf der Erde anspricht, eine Erinnerung an das große Ganze. Ist Ihnen dieser Aspekt aufgefallen? Ein kleiner Tipp: Lesen Sie Johannes 15,8. Manchmal müssen wir unsere geistliche To-do-Liste entrümpeln.

- Lesen Sie Lukas 10,39–42. Achten Sie insbesondere darauf, was Jesus zu Marta sagt.
- Was möchte Jesus in uns sehen?
- Lesen Sie Johannes 15 und Lukas 10. Definieren Sie ein übergreifendes Ziel für Ihr Leben.
- Entlastet es Sie, wenn Sie sich bewusst machen, dass Jesus eigentlich nur eines von Ihnen möchte?

Entscheiden Sie sich für die Ruhe

4. In Philipper 4 stehen mehrere Aufforderungen: „Macht euch keine Sorgen", „Ihr dürft in jeder Lage zu Gott beten. Sagt ihm, was euch fehlt, und dankt ihm", „Freut euch zu jeder Zeit, dass ihr zum Herrn gehört", und noch mehr. Möglicherweise möchten Sie all das auch tun. Es klingt wunderschön, aber Sie sind erschöpft. Schmerz, Verlust, Verletzungen und Sorgen haben Sie vielleicht ausgezehrt, und allein der Gedanke daran, dass Sie noch mal Kraft aufbringen müssen, um alle diese Dinge zu tun, die Paulus erwähnt, ist schon überwältigend.

Kapitel 10 ist eine Oase in der Wüste. Sie müssen heute keine weiteren Fragen mehr beantworten, sondern können für den Rest dieses Abschnitts über die folgenden Zitate und Bibelstellen nachdenken. Schreiben Sie Ihre Reaktionen dazu auf.

Lassen Sie sich von ihnen neue Kraft schenken. Lassen Sie sich von diesen Passagen ganz praktisch dabei helfen, mit Jesus verbunden zu bleiben.

„Sie sind es überdrüssig, immer so unruhig zu sein. Sie wollen die schlaflosen Nächte hinter sich lassen. Sie sehnen sich danach, sich ‚um nichts zu sorgen‘. Sie sehnen sich nach der Frucht des Geistes. Doch wie bringen Sie diese Frucht hervor? Indem Sie sich mehr anstrengen? Nein, indem Sie ruhig abwarten. Unsere Aufgabe ist es nicht, fruchtbar zu sein, sondern treu. Das Geheimnis eines Frucht bringenden, sorgenfreien Lebens hat weniger mit dem Tun und mehr mit dem Bleiben zu tun.“

„Bleibt fest mit mir verbunden, und ich werde ebenso mit euch verbunden bleiben! Denn eine Rebe kann nicht aus sich selbst heraus Früchte tragen, sondern nur wenn sie am Weinstock hängt. Ebenso werdet auch ihr nur Frucht bringen, wenn ihr mit mir verbunden bleibt.... Wer mit mir verbunden bleibt, so wie ich mit ihm, der trägt viel Frucht.... Wer ohne mich lebt, wird wie eine unfruchtbare Rebe abgeschnitten und weggeworfen.... Wenn ihr aber fest mit mir verbunden bleibt und euch meine Worte zu Herzen nehmt, dürft ihr von Gott erbitten, was ihr wollt; ihr werdet es erhalten.... Bleibt in meiner Liebe!... Auch ich richte mich nach den Geboten meines Vaters und lebe in seiner Liebe.“

„Kommt, lebt in mir!“, lädt Jesus uns ein. *„Mein Zuhause soll euer Zuhause werden.“*

„Wenn ein Vater mit seinem vierjährigen Sohn eine verkehrs-reiche Straße entlanggeht, nimmt er ihn bei der Hand und sagt: ‚Halt dich fest.‘ Er sagt nicht: ‚Lern die Straßenkarte auswendig‘ oder ‚Versuche, dem Verkehr auszuweichen‘ oder ‚Wir wollen mal sehen, ob du den Weg nach Hause findest‘. Ein guter Vater überträgt seinem Kind nur eine Aufgabe: ‚Halt dich an meiner Hand fest.‘

Gott macht mit uns dasselbe. Belasten Sie sich nicht mit Lis-ten. Vergrößern Sie Ihre Sorge nicht durch die Angst, sie nicht abarbeiten zu können. Ihre Aufgabe ist es nicht, alles zu wis-sen, was noch kommt. Sie müssen nur eines tun: die Hand des Einen festhalten, der sie Ihnen reicht und der Sie niemals loslassen wird.“

„Darum sage ich euch: Macht euch keine Sorgen um euren Lebensunterhalt, um Nahrung und Kleidung! Bedeutet das Leben nicht mehr als Essen und Trinken, und ist der Mensch nicht wichtiger als seine Kleidung? Seht euch die Vögel an! Sie säen nichts, sie ernten nichts und sammeln auch keine Vorräte. Euer Vater im Himmel versorgt sie. Meint ihr nicht, dass ihr ihm viel wichtiger seid? Und wenn ihr euch noch so viel sorgt, könnt ihr doch euer Leben um keinen Augenblick verlängern.

Weshalb macht ihr euch so viele Sorgen um eure Kleidung? Seht euch an, wie die Lilien auf den Wiesen blühen! Sie mü-hen sich nicht ab und können weder spinnen noch weben. Ich sage euch, selbst König Salomo war in seiner ganzen Herr-lichkeit nicht so prächtig gekleidet wie eine von ihnen. Wenn Gott sogar die Blumen so schön wachsen lässt, die heute auf der Wiese stehen, morgen aber schon verbrannt werden, wird

er sich nicht erst recht um euch kümmern? Vertraut ihr Gott
so wenig?
Macht euch also keine Sorgen und fragt nicht: ‚Werden wir
genug zu essen haben? Und was werden wir trinken? Was
sollen wir anziehen?' Nur Menschen, die Gott nicht kennen,
lassen sich von solchen Dingen bestimmen. Euer Vater im
Himmel weiß doch genau, dass ihr dies alles braucht. Setzt
euch zuerst für Gottes Reich ein und dafür, dass sein Wille
geschieht. Dann wird er euch mit allem anderen versorgen.
Deshalb sorgt euch nicht um morgen – der nächste Tag wird
für sich selber sorgen! Es ist doch genug, wenn jeder Tag seine
eigenen Schwierigkeiten mit sich bringt" (Matthäus 6,25–34).

Zum Nachdenken

„Wie mich der Vater liebt, so liebe ich euch. Bleibt in meiner Liebe!
Wenn ihr nach meinen Geboten lebt, wird meine Liebe euch um-
schließen. Auch ich richte mich nach den Geboten meines Vaters
und lebe in seiner Liebe. Das alles sage ich euch, damit meine
Freude euch erfüllt und eure Freude dadurch vollkommen wird"
(Johannes 15,9–11).

KAPITEL 11

R.U.H.E.

Entscheiden Sie sich bewusst
für den Ruhe-Baum und nicht
für den Sorgen-Baum.

Nehmen Sie das Chaos in Ihrem Leben in Angriff

1. Wie hat das Ringen mit der Sorge Ihr Selbstbild verändert? In Kapitel 11 fragt Lucado: „Was bedeuten all diese Sorgen?" Wie würden Sie darauf antworten?

2. Hatten Sie sich vor dem Lesen dieses Kapitels jemals Gedanken darüber gemacht, dass auch Jesus mit Sorgen zu kämpfen hatte? Lesen Sie Lukas 22, und achten Sie darauf, wie Jesus mit der Angst einflößendsten Situation in seinem Leben umging.
   • Wie verändert das Ihre Haltung zu Ihren eigenen Kämpfen?
   • Wie verändert das Ihre Sicht der Art und Weise, wie Gott Ihr persönliches Ringen mit Sorgen oder Depressionen sieht?

3. Obwohl Jesus wusste, was es heißt, sich Sorgen zu machen, ließ er niemals zu, dass sie ihn von seinem Lebensziel abbrachten. Er bekannte sie und sprach mit seinem Vater darüber (Lukas 22,42), handelte aber so, wie er es vorher schon festgelegt hatte. Das ist auch der Grund, warum er trotzdem ans Kreuz ging.

- Denken Sie über die vergangene Woche nach. Welche (großen oder kleinen) Entscheidungen haben Sie auf der Grundlage Ihrer Sorgen getroffen? Wann ließen Sie zu, dass Ihre Angst für Sie entscheidet? Schildern Sie die Situationen möglichst genau.

- Wäre diese Situation anders ausgegangen, wenn Sie Ihre Sorge zwar bekannt, ihr aber nicht die Macht über Ihr Handeln gegeben hätten?

4. Glauben Sie wirklich, dass Sorge ein Teil Ihres Lebens sein kann, ohne Ihr Leben zu bestimmen?

- Warum oder warum nicht?
- Wie gehen Sie derzeit mit Ihren Sorgen um?

Entscheiden Sie sich für die Ruhe

5. „Freut euch zu jeder Zeit, dass ihr zum Herrn gehört. Und noch einmal will ich es sagen: Freut euch!" Paulus ermutigt uns, *die Güte Gottes zu feiern*.

- Was haben Sie heute zu feiern?
- Was sehen Sie in Ihrem Umfeld, das schön oder lobenswert ist?
- Was ist die Konsequenz des „Entscheidungsbaums" der Freude?

6. „Macht euch keine Sorgen! Ihr dürft in jeder Lage zu Gott beten. Sagt ihm, was euch fehlt, und dankt ihm!" Paulus ermutigt uns, *um Gottes Hilfe zu bitten* und *unsere Sorgen bei Gott zu lassen.*

- Wobei soll er Ihnen heute helfen? Er will, dass Sie ihm sagen, *was auch immer* Ihnen auf dem Herzen liegt. Nichts ist zu klein oder zu groß für ihn.
- Was müssen Sie ihm heute (völlig, nicht nur teilweise!) zu Füßen niederlegen?
- Was geschieht, wenn Sie um Hilfe bitten und Ihre Sorgen dort lassen?

7. „Schließlich, meine lieben Brüder und Schwestern, orientiert euch an dem, was wahrhaftig, vorbildlich und gerecht, was redlich und liebenswert ist und einen guten Ruf hat. Beschäftigt euch mit den Dingen, die auch bei euren Mitmenschen als Tugend gelten und Lob verdienen." Paulus ermutigt uns, *gründlich über Gutes nachzudenken.*

- Was müssen Sie aus Ihrem Leben entfernen, um Ihre Gedanken auf gute Dinge zu richten? Welche (geistlichen) Übungen könnten Sie einführen, die Sie täglich an das erinnern, was wahr, gut und schön ist?
- Was geschieht, wenn Sie gründlich über die guten Dinge nachdenken?

8. Das Buch *Keine Sorge* endet mit der folgenden Aussage:

„Ein neuer Tag erwartet Sie. Eine neue Lebensphase, in der Sie sich weniger sorgen und mehr vertrauen werden. Eine Lebensphase mit weniger Angst und mehr Vertrauen. Können

Sie sich ein Leben vorstellen, in dem Sie sich keine Sorgen machen müssen? Gott kann das. Und mit seiner Hilfe werden Sie genau das auch erleben."

Unten steht der Entschluss, den Lucado bewusst niederschrieb.

Nehmen Sie sich Zeit, um Ihren eigenen Entschluss in Worte zu fassen – gewissermaßen eine Selbstverpflichtung, dass auch Sie lernen wollen, in der Gegenwart zu leben und jeden Tag in dem Bewusstsein anzugehen, dass Gott Sie zutiefst liebt und in den Stürmen des Lebens für Sie sorgen wird.

Zum Nachdenken

Heute, ich werde heute leben.
Gestern ist Geschichte.
Morgen ist noch nicht da.
Ich bin noch im Heute.
Also, heute, ich werde heute leben.
Das Gestern nochmals durchleben?
Nein. Ich werde daraus lernen.
Ich werde dafür um Vergebung bitten.
Ich werde mich darüber freuen.
Doch ich werde nicht darin leben.
Fürs Gestern ist die Sonne untergegangen.
Fürs Morgen muss die Sonne erst noch aufgehen.
Sorgen über die Zukunft machen? Warum?
Sie verdient einen kurzen Blick, mehr nicht.
Vor morgen kann ich das Morgen nicht ändern.
Heute, ich werde heute leben.

Ich werde den heutigen Herausforderungen mit der Kraft entgegentreten, die mir heute zur Verfügung steht.
Ich werde den heutigen Tanz zur heutigen Musik tanzen.
Ich werde die heutigen Gelegenheiten mit der Hoffnung feiern, die mir heute zur Verfügung steht.
Heute.

Was die Bibel
dazu sagt

Kapitel 1: Weniger Sorgen, mehr Vertrauen

Macht euch keine Sorgen!
Philipper 4,6

„Lasst euch nicht von den Sorgen des täglichen Lebens gefangen nehmen."
Lukas 21,34 (NGÜ)

Freut euch zu jeder Zeit, dass ihr zum Herrn gehört. Und noch einmal will ich es sagen: Freut euch! Alle Menschen sollen eure Güte und Freundlichkeit erfahren. Der Herr kommt bald! Macht euch keine Sorgen! Ihr dürft in jeder Lage zu Gott beten. Sagt ihm, was euch fehlt, und dankt ihm! Dann wird Gottes Friede, der all unser Verstehen übersteigt, eure Herzen und Gedanken bewahren, weil ihr mit Jesus Christus verbunden seid.
Schließlich, meine lieben Brüder und Schwestern, orientiert euch an dem, was wahrhaftig, vorbildlich und gerecht, was redlich und liebenswert ist und einen guten Ruf hat. Beschäftigt euch mit

den Dingen, die auch bei euren Mitmenschen als Tugend gelten und Lob verdienen.
Philipper 4,4–8

Kapitel 2: Freuen Sie sich darüber, dass Gott souverän ist

Freut euch zu jeder Zeit, dass ihr zum Herrn gehört. Und noch einmal will ich es sagen: Freut euch!
Philipper 4,4

Meine lieben Brüder und Schwestern! Ihr sollt wissen, dass meine Gefangenschaft die Ausbreitung der rettenden Botschaft nicht gehindert hat. Im Gegenteil! Allen meinen Bewachern und auch den übrigen Menschen, mit denen ich es hier zu tun habe, ist inzwischen klar geworden, dass ich nur deswegen eingesperrt bin, weil ich an Christus glaube.
Philipper 1,12–13

Wichtig ist allein, dass die rettende Botschaft von Christus verbreitet wird; mag das nun mit Hintergedanken oder in ehrlicher Absicht geschehen. Wenn nur jeder erfährt, wer Jesus Christus ist! Darüber freue ich mich, und ich werde mich auch in Zukunft darüber freuen!
Philipper 1,18

Deshalb hat Gott [Jesus Christus] in den Himmel gehoben und ihm einen Namen gegeben, der höher ist als alle anderen Namen.
Philipper 2,9 (NL)

Und doch ist es Gott allein, der beides in euch bewirkt: Er schenkt euch den Willen und die Kraft, ihn auch so auszuführen, wie es ihm gefällt.
Philipper 2,13

Die größte Weisheit, die tiefste Einsicht und die besten Pläne können nicht bestehen, wenn sie gegen den Herrn gerichtet sind.
Sprüche 21,30

Die Bewohner dieser Erde sind nichts im Vergleich zu [Gott]. Alle Menschen, ja sogar die Mächte des Himmels müssen sich seinem Willen beugen! Niemand kann sich ihm widersetzen und ihn fragen: „Was tust du da?"
Daniel 4,32

[Gottes] Wort ist die Kraft, die das Weltall zusammenhält.
Hebräer 1,3

Wer kann etwas geschehen lassen, wenn der Herr es nicht befiehlt? Alles Glück haben wir ihm zu verdanken, und genauso kommt das Unglück aus seiner Hand.
Klagelieder 3,37–38

„Heilig, heilig, heilig ist der Herr, der allmächtige Gott! Seine Herrlichkeit erfüllt die ganze Welt."
Jesaja 6,3

[Gott] allein aber gebühren Lob und Ehre bis in alle Ewigkeit.
Römer 1,25

Jesus Christus ist und bleibt derselbe, gestern, heute und für immer.
Hebräer 13,8

... du [Gott] aber bleibst ewig.
Psalm 102,27

Was Frieden und Glück ist, weiß ich nicht mehr. Du, Herr, hast mir alles genommen. Darum sagte ich: „Meine Kraft ist geschwunden, und meine Hoffnung auf den Herrn ist dahin. Meine Not ist groß, ich habe keine Heimat mehr. Schon der Gedanke daran macht mich bitter und krank. Und doch muss ich ständig daran denken und bin vor lauter Grübeln am Boden zerstört." Aber eine Hoffnung bleibt mir noch, an ihr halte ich trotz allem fest: Die Güte des Herrn hat kein Ende, sein Erbarmen hört niemals auf, es ist jeden Morgen neu! Groß ist deine Treue, o Herr! Darum setze ich meine Hoffnung auf ihn, der Herr ist alles, was ich brauche. Denn der Herr ist gut zu dem, der ihm vertraut und ihn von ganzem Herzen sucht. Darum ist es das Beste, geduldig zu sein und auf die Hilfe des Herrn zu warten.
Klagelieder 3,17–26

Wer Gott liebt, dem dient alles, was geschieht, zum Guten.
Römer 8,28

Herr, du gibst Frieden dem, der sich fest an dich hält und dir allein vertraut.
Jesaja 26,3

Erst wollte ich meine Schuld verheimlichen. Doch davon wurde ich so schwach und elend, dass ich nur noch stöhnen konnte. Tag und Nacht bedrückte mich deine strafende Hand, meine Lebenskraft vertrocknete wie Wasser in der Sommerhitze.
Psalm 32,3–4

Ich selbst könnte mich mit größerem Recht als manch anderer auf diese Vorzüge berufen, wenn es wirklich darauf ankäme: Ich wurde am achten Tag nach meiner Geburt beschnitten, wie es das Gesetz vorschreibt. Ich stamme aus dem Volk Israel und sogar aus dem Stamm Benjamin. Von Geburt an bin ich Hebräer wie schon alle meine Vorfahren. Außerdem gehörte ich zu den Pharisäern, der Gruppe, die am strengsten darauf achtet, dass Gottes Gesetz eingehalten wird. Ich setzte mich mit großem Eifer für Gott ein und verfolgte deshalb sogar die christliche Gemeinde. Die Regeln des Gesetzes erfüllte ich bis in alle Einzelheiten, sodass niemand mir etwas vorwerfen konnte. Aber seit ich Christus kenne, ist für mich alles wertlos, was ich früher für so wichtig gehalten habe.
Philipper 3,4–7

Deshalb versuche ich jetzt nicht mehr, durch meine eigene Leistung und durch das genaue Befolgen des Gesetzes vor Gott zu bestehen. Was zählt, ist, dass ich durch den Glauben an Christus von Gott angenommen werde.
Philipper 3,9

Noch bin ich nicht am Ziel angekommen. Aber eins steht fest: Ich will vergessen, was hinter mir liegt, und schaue nur noch auf das

Ziel vor mir. Mit aller Kraft laufe ich darauf zu, um den Siegespreis zu gewinnen, das Leben in Gottes Herrlichkeit. Denn dazu hat uns Gott durch Jesus Christus berufen.
Philipper 3,13–14

Denn in Christus ist Gottes Gnade sichtbar geworden – die Gnade, die allen Menschen Rettung bringt. ... Das sind die Dinge, die du lehren sollst.
Titus 2,11.15 (NGÜ)

[Gott] wird mich auch weiterhin vor jedem feindlichen Angriff retten und wird mich bewahren, bis ich in seinem himmlischen Reich bin.
2. Timotheus 4,18 (NGÜ)

Kapitel 4: Freuen Sie sich zu jeder Zeit darüber, dass Sie zu Gott gehören

In dem Sohn zeigt sich die göttliche Herrlichkeit seines Vaters, denn er ist ganz und gar Gottes Ebenbild. Sein Wort ist die Kraft, die das Weltall zusammenhält.
Hebräer 1,3

[Jesus Christus] war da, noch bevor alles andere begann, und er hält die ganze Schöpfung zusammen.
Kolosser 1,17 (NL)

Durch ihn allein leben und handeln wir, ja, ihm verdanken wir alles, was wir sind.
Apostelgeschichte 17,28

Und was Gott einmal beschlossen hat, das führt er auch aus.
Epheser 1,11

Du lässt Gras wachsen für das Vieh und Pflanzen, die der Mensch anbauen und ernten kann. So hat er Wein, der ihn erfreut, Öl, das seinen Körper pflegt, und Brot, das ihn stärkt.
Psalm 104,14–15

Denn [Gott] lässt seine Sonne scheinen auf böse Menschen wie auf gute, und er lässt es regnen auf alle, ob sie ihn ehren oder verachten.
Matthäus 5,45 (GN)

Der höchste Gott ist Herr über alle Reiche der Welt, er vertraut die Herrschaft an, wem er will.
Daniel 5,21

Vielmehr richtet Gott allein: er entscheidet, wen er erhöht und wen er erniedrigt.
Psalm 75,8 (NL)

Der vernichtende Zorn des Herrn wird nicht aufhören zu wüten, bis er alles zu Ende gebracht und alle seine Pläne ausgeführt hat.
Jeremia 30,24 (NL)

Weil wir nun zu Christus gehören, hat Gott uns als seine Erben eingesetzt; so entsprach es von Anfang an seinem Willen. Und was Gott einmal beschlossen hat, das führt er auch aus.
Epheser 1,11

„Ihr wolltet mir Böses tun, aber Gott hat Gutes daraus entstehen lassen. Durch meine hohe Stellung konnte ich vielen Menschen das Leben retten. Ihr braucht also nichts zu befürchten. Ich werde für euch und eure Familien sorgen."
1. Mose 50,20–21

„Was dann geschah, wusste Gott schon lange im Voraus; er selbst hatte es so geplant: Jesus wurde verraten und an euch ausgeliefert, und ihr habt ihn durch Menschen, die nichts vom Gesetz Gottes wissen, ans Kreuz schlagen und töten lassen. Doch Gott hat ihn aus der Gewalt des Todes befreit und hat ihn auferweckt; es zeigte sich, dass der Tod keine Macht über ihn hatte und ihn nicht festhalten konnte."
Apostelgeschichte 2,23–24 (NGÜ)

Eines aber wissen wir: Alles trägt zum Besten derer bei, die Gott lieben; sie sind ja in Übereinstimmung mit seinem Plan berufen.
Römer 8,28 (NGÜ)

Kapitel 5: Ruhe, die ansteckend ist

Alle Menschen sollen eure Güte und Freundlichkeit erfahren. Der Herr kommt bald! Macht euch keine Sorgen!
Philipper 4,5–6

„Hab keine Angst […], ich beschütze dich wie ein Schild und werde dich reich belohnen!"
1. Mose 15,1

„Hab keine Angst, denn ich bin bei dir!"
1. Mose 26,24

„Sei mutig und entschlossen! Lass dich nicht einschüchtern und hab keine Angst! Denn ich, der Herr, dein Gott, stehe dir bei, wohin du auch gehst."
Josua 1,9

Der Herr ist auf meiner Seite, ich brauche mich vor nichts und niemandem zu fürchten. Was kann ein Mensch mir schon antun?
Psalm 118,6

Als Jesus aufblickte, sah er die vielen Menschen, die zu ihm kamen. Darauf wandte er sich an Philippus: „Wo können wir für alle diese Leute Brot kaufen?" Er fragte dies, um zu sehen, ob Philippus ihm vertraute; denn er wusste schon, wie er die Menschen versorgen würde.
Johannes 6,5–6

„Es ist spät geworden, und die Gegend hier ist einsam. Schick die Leute weg, damit sie in die Dörfer gehen und dort etwas zu essen kaufen können!"
Matthäus 14,15

Jetzt forderte Jesus die Jünger auf: „Sagt den Leuten, dass sie sich hinsetzen sollen!" Etwa fünftausend Männer ließen sich auf dem Boden nieder, der dort von dichtem Gras bewachsen war, außerdem noch viele Frauen und Kinder. Dann nahm Jesus die fünf Gerstenbrote, dankte Gott dafür und ließ sie an die Menschen austeilen. Ebenso machte er es mit den Fischen. Jeder bekam so viel, wie er wollte. Als alle satt waren, sagte Jesus zu seinen Jüngern: „Sammelt die Reste ein, damit nichts verdirbt!" Das taten sie und

füllten noch zwölf Körbe mit den Resten. So viel war von den fünf
Gerstenbroten übrig geblieben.
Johannes 6,10–13

Kapitel 6: Gebet, nicht Verzweiflung

Hört nie auf zu beten und zu bitten! Lasst euch dabei vom Heili-
gen Geist leiten. Bleibt wach und bereit. Bittet Gott inständig für
alle Christen.
Epheser 6,18 (NGÜ)

Macht euch keine Sorgen! Ihr dürft in jeder Lage zu Gott beten.
Sagt ihm, was euch fehlt, und dankt ihm!
Philipper 4,6

Überlasst all eure Sorgen Gott, denn er sorgt sich um alles, was
euch betrifft!
1. Petrus 5,7 (NL)

Ihr, die ihr den Herrn an seine Zusagen erinnert, gönnt euch keine
Ruhepause.
Jesaja 62,6 (NL)

„Erinnere mich, lass uns miteinander rechten! Berichte du, damit
du recht bekommst!"
Jesaja 43,26 (LÜ)

Du hast gesagt, dass du bei mir bist, wenn ich durch tiefes Wasser
oder reißende Ströme gehen muss.
Jesaja 43,2 (nach Lucado)

Du hast gesagt, dass du bei mir bist, wenn es durch dunkle Täler geht.
Psalm 23,4 (nach Lucado)

Du hast gesagt, dass du mich nicht im Stich lässt und dich nie von mir abwendest.
Hebräer 13,5 (nach Lucado)

„Wenn selbst er schließlich ein gerechtes Urteil fällte – wird Gott da nicht seinen Auserwählten, die ihn Tag und Nacht anflehen, ihr Recht verschaffen? Wird er sie vertrösten? Ich sage euch, er wird ihnen Recht verschaffen, und zwar schnell!"
Lukas 18,7–8 (NL)

Kapitel 7: Große Dankbarkeit

Sorgt euch um nichts, sondern betet um alles. Sagt Gott, was ihr braucht, und dankt ihm. Ihr werdet Gottes Frieden erfahren, der größer ist, als unser menschlicher Verstand es je begreifen kann. Sein Friede wird eure Herzen und Gedanken im Glauben an Jesus Christus bewahren.
Philipper 4,6–7 (NL)

Ich sage das nicht, weil ich in Not war. Ich habe gelernt, in jeder Lage zurechtzukommen und nicht von äußeren Umständen abhängig zu sein: Ich kann Not leiden, ich kann im Wohlstand leben; mit jeder Lage bin ich vertraut. Ich kenne Sattsein und Hungern, ich kenne Mangel und Überfluss. Allem bin ich gewachsen durch den, der mich stark macht.
Philipper 4,11–13 (GN)

Sowohl erniedrigt zu sein, weiß ich, als auch Überfluss zu haben,
weiß ich; in jedes und in alles bin ich eingeweiht, sowohl satt zu
sein als auch zu hungern, sowohl Überfluss zu haben als auch
Mangel zu leiden.
Philipper 4,12 (ELB)

Kapitel 8: Gottes Friede, Ihr Friede

Ihr werdet Gottes Frieden erfahren, der größer ist, als unser
menschlicher Verstand es je begreifen kann. Sein Friede wird eure
Herzen und Gedanken im Glauben an Jesus Christus bewahren.
Philipper 4,7 (NL)

„Zum Abschied gebe ich euch den Frieden, meinen Frieden, nicht
den Frieden, den die Welt gibt. Erschreckt nicht, habt keine Angst!"
Johannes 14,27 (GN)

Alle Engel sind nur Wesen aus der himmlischen Welt, die Gott die-
nen. Er sendet sie aus, damit sie allen helfen, denen er Rettung
schenken will.
Hebräer 1,14

„Hab keine Angst!", ermutigte er mich. „Du wolltest gern erken-
nen, was Gott tun will, und hast dich vor ihm gedemütigt. Schon
an dem Tag, als du anfingst zu beten, hat er dich erhört. Darum
bin ich nun zu dir gekommen."
Daniel 10,12

„Wer dich angreift, den greife ich an!"
Jesaja 49,25

240

Aber alle, die auf den Herrn vertrauen, bekommen immer wieder neue Kraft, es wachsen ihnen Flügel wie dem Adler. Sie gehen und werden nicht müde, sie laufen und brechen nicht zusammen.
Jesaja 40,31 (GN)

Denn Gott wird dir seine Engel schicken, um dich zu beschützen, wohin du auch gehst.
Psalm 91,11

„Ich aber bin der gute Hirte und kenne meine Schafe, und sie kennen mich."
Johannes 10,14

Ihr seid also nicht länger Gefangene des Gesetzes, sondern Söhne und Töchter Gottes. Und als Kinder Gottes seid ihr auch seine Erben, euch gehört alles, was Gott versprochen hat.
Galater 4,7

„In der letzten Nacht stand neben mir ein Engel des Gottes, dem ich gehöre und dem ich diene."
Apostelgeschichte 27,23

Als ich gerade erst entstand, hast du mich schon gesehen. Alle Tage meines Lebens hast du in dein Buch geschrieben – noch bevor einer von ihnen begann!
Psalm 139,16

„Hier auf der Erde werdet ihr viel Schweres erleben. Aber habt Mut, denn ich habe die Welt überwunden."
Johannes 16,33 (NL)

„Habt keine Angst und verliert nicht den Mut angesichts dieses riesigen Heeres, denn nicht ihr kämpft diesen Kampf, sondern Gott."
2. Chronik 20,15 (NL)

„Wenn du durch tiefes Wasser oder reißende Ströme gehen musst – ich bin bei dir, du wirst nicht ertrinken."
Jesaja 43,2

Kapitel 9: Denken Sie darüber nach, worüber Sie nachdenken

Achte auf deine Gedanken, denn sie entscheiden über dein Leben!
Sprüche 4,23

Richtet eure Gedanken ganz auf die Dinge, die wahr und achtenswert, gerecht, rein und unanstößig sind und allgemeine Zustimmung verdienen; beschäftigt euch mit dem, was vorbildlich ist und zu Recht gelobt wird.
Philipper 4,8 (NGÜ)

Sorgen drücken einen Menschen nieder:
Sprüche 12,25

Jeden Gedanken, der sich gegen Gott auflehnt, nehme ich gefangen und unterstelle ihn dem Befehl von Christus.
2. Korinther 10,5 (GN)

Bleibt standhaft! Die Wahrheit ist euer Gürtel und Gerechtigkeit euer Brustpanzer.
Epheser 6,14

Mit meiner Seele will ich den Herrn loben und das Gute nicht vergessen, das er für mich tut.
Psalm 103,2 (NL)

Kapitel 10: Klammern Sie sich an Jesus

Richtet eure Gedanken ganz auf die Dinge, die wahr und achtenswert, gerecht, rein und unanstößig sind und allgemeine Zustimmung verdienen; beschäftigt euch mit dem, was vorbildlich ist und zu Recht gelobt wird.
Philipper 4,8 (NGÜ)

„*Bleibt in mir, und ich werde in euch bleiben. Eine Rebe kann nicht aus sich selbst heraus Frucht hervorbringen; sie muss am Weinstock bleiben. Genauso wenig könnt ihr Frucht hervorbringen, wenn ihr nicht in mir bleibt. Ich bin der Weinstock, und ihr seid die Reben. Wenn jemand in mir bleibt und ich in ihm bleibe, trägt er reiche Frucht; ohne mich könnt ihr nichts tun. Wenn jemand nicht in mir bleibt, geht es ihm wie der unfruchtbaren Rebe: Er wird weggeworfen und verdorrt. Die verdorrten Reben werden zusammengelesen und ins Feuer geworfen, wo sie verbrennen. Wenn ihr in mir bleibt und meine Worte in euch bleiben, könnt ihr bitten, um was ihr wollt: Eure Bitte wird erfüllt werden. Dadurch, dass ihr reiche Frucht tragt und euch als meine Jünger erweist, wird die Herrlichkeit meines Vaters offenbart. Wie mich der Vater geliebt hat, so habe ich euch geliebt. Bleibt in meiner Liebe! Wenn ihr meine Gebote haltet, werdet ihr in meiner Liebe bleiben, so wie ich immer die Gebote meines Vaters gehalten habe und in seiner Liebe bleibe.*"
Johannes 15,4–10 (NGÜ)

„Macht euch keine Sorgen um euren Lebensunterhalt, um Nahrung und Kleidung!... Seht euch die Vögel an! Sie säen nichts, sie ernten nichts und sammeln auch keine Vorräte. Euer Vater im Himmel versorgt sie. Meint ihr nicht, dass ihr ihm viel wichtiger seid? Und wenn ihr euch noch so viel sorgt, könnt ihr doch euer Leben um keinen Augenblick verlängern. ... Seht euch an, wie die Lilien auf den Wiesen blühen!... Ich sage euch, selbst König Salomo war in seiner ganzen Herrlichkeit nicht so prächtig gekleidet wie eine von ihnen."
Matthäus 6,25–29

Denkt nicht an weltliche Angelegenheiten, sondern konzentriert eure Gedanken auf ihn!
Kolosser 3,2 (NL)

„Wenn ihr an meinen Worten festhaltet und das tut, was ich euch gesagt habe, dann seid ihr wirklich meine Jünger. Ihr werdet die Wahrheit erkennen, und die Wahrheit wird euch befreien!"
Johannes 8,31–32

Kapitel 11: R.U.H.E.

Freut euch zu jeder Zeit, dass ihr zum Herrn gehört. Und noch einmal will ich es sagen: Freut euch! Alle Menschen sollen eure Güte und Freundlichkeit erfahren. Der Herr kommt bald! Macht euch keine Sorgen! Ihr dürft in jeder Lage zu Gott beten. Sagt ihm, was euch fehlt, und dankt ihm! Dann wird Gottes Friede, der all unser Verstehen übersteigt, eure Herzen und Gedanken bewahren, weil ihr mit Jesus Christus verbunden seid. Schließlich, meine lieben Brüder und Schwestern, orientiert euch an dem, was wahrhaftig,

vorbildlich und gerecht, was redlich und liebenswert ist und einen guten Ruf hat. Beschäftigt euch mit den Dingen, die auch bei euren Mitmenschen als Tugend gelten und Lob verdienen.
Philipper 4,4–8

„Sei wachsam und bleibe ruhig. Hab keine Angst.“
Jesaja 7,4 (NL)

Freut euch, was auch immer geschieht; freut euch darüber, dass ihr mit dem Herrn verbunden seid! Und noch einmal sage ich: Freut euch!
Philipper 4,4 (NGÜ)

Ich schaue hinauf zu den Bergen – woher kann ich Hilfe erwarten? Meine Hilfe kommt vom Herrn, der Himmel und Erde gemacht hat!
Psalm 121,1–2

Da rief Petrus: „Herr, wenn du es wirklich bist, dann befiehl mir, auf dem Wasser zu dir zu kommen.“
„Komm her!“, antwortete Jesus.
Petrus stieg aus dem Boot und ging Jesus auf dem Wasser entgegen. Kaum war er bei ihm, da merkte Petrus, wie heftig der Sturm um sie tobte. Er erschrak, und im selben Augenblick begann er zu sinken. „Herr, hilf mir!“, schrie er.
Matthäus 14,28–30

Gott [ist] der vollkommene und alleinige Herrscher, der König aller Könige, der Herr aller Herren.
1. Timotheus 6,15

Wer nun mit Jesus Christus verbunden ist, wird von Gott nicht mehr verurteilt.
Römer 8,1

Ihr dürft in jeder Lage zu Gott beten. Sagt ihm, was euch fehlt.
Philipper 4,6

„Wenn du keinen Ausweg mehr siehst, dann rufe mich zu Hilfe!"
Psalm 50,15

„Bittet Gott, und er wird euch geben! Sucht, und ihr werdet finden! Klopft an, und euch wird die Tür geöffnet!"
Matthäus 7,7

Er tritt für uns ein, daher dürfen wir voller Zuversicht und ohne Angst vor Gottes Thron kommen.
Hebräer 4,16

Sein Friede wird eure Herzen und Gedanken im Glauben an Jesus Christus bewahren.
Philipper 4,7 (NL)

… ich weiß genau, an wen ich glaube. Ich bin ganz sicher, dass Christus mich und all das, was er mir anvertraut hat, bis zum Tag seines Kommens bewahren wird.
2. Timotheus 1,12

Schließlich, meine lieben Brüder und Schwestern, orientiert euch an dem, was wahrhaftig, vorbildlich und gerecht, was redlich und liebenswert ist und einen guten Ruf hat. Beschäftigt euch mit den

Dingen, die auch bei euren Mitmenschen als Tugend gelten und Lob verdienen.
Philipper 4,8

DANK

Die Menschen, die an diesem Buch mitgearbeitet haben, sind einmalig. Sie beherrschen ihr Handwerk. Sie widmen sich ganz ihrem Auftrag und vor allem ertragen sie diesen Autor. Viele dieser Freunde arbeiten schon seit mehr als dreißig Jahre mit mir zusammen. Heute bin ich ihnen noch dankbarer als damals, als wir gemeinsam angefangen haben.

Da wären:

Die Lektorinnen Liz Heaney und Karen Hill. Ihr überredet, schmeichelt, lobt und bestätigt. Jeder Abschnitt dieses Buches zeugt von eurer fachkundigen Arbeit. Danke.

Meine Korrektorin Carol Bartley. Du bist für ein Manuskript das, was ein erfahrener Gärtner für den Garten ist. Unkraut verboten!

Steve und Cheryl Green. Da sprach Gott: „Ich will Max zwei Engel zur Seite stellen." Und er sandte Steve und Cheryl.

Das super Team von *Thomas Nelson*, bestehend aus Mark Schoenwald, David Moberg, LeeEric Fesko, Janene MacIvor und Laura Minchew. Ich fühle mich geehrt, dass ich mit euch zusammenarbeiten darf.

Meine Assistentin Sarah Jones. Danke, dass du mir bei der Recherche geholfen und Berge an Büchern für mich gelesen hast. Aber vor allen Dingen bin ich dankbar dafür, dass du meine Tochter bist.

Die Marken-Teamleiter Greg und Susan Ligon. Ich kenne niemanden mit mehr Energie, Geschick, Diplomatie und Kompetenz. Ich bin so dankbar.

Die Verwaltungsassistentinnen Janie Padilla und Margaret Mechinus. Ihr beide seid die Verkörperung von Dienstbereitschaft.

Unsere stetig wachsende Familie: Brett, Jenna und Rosie; Andrea; Jeff und Sara. Ich berste vor Stolz, wenn ich an euch denke.

Und Denalyn, meine liebe Frau. Deine Gegenwart verschönert jeden Tag. Deine Worte machen jeden Menschen besser. Und jedes Mal, wenn ich dich angeschaut habe, blicke ich in den Himmel hinauf und flüstere: „Danke, Herr."

ANMERKUNGEN

Kapitel 1

1 *Haole* (sprich: Hau-le) ist ein hawaiianisches Wort, das sich auf alle bezieht, die nicht Ureinwohner sind, insbesondere Weiße. Eine Definition leitet diesen Begriff von *ha* her, was „Hauch" oder „Geist" bedeutet, und *ole*, was „nicht" oder „ohne" meint. Manche glauben, der Begriff habe seinen Ursprung in der Zeit, als die ersten christlichen Missionare auf die Inseln kamen. Kapehu Retreat House, Hawaiian Words, www.kapehu.com/hawaiian-words.html.

2 Angststörungen in Deutschland, http://www.welt.de/angst/experten/133849695/.

3 Edmund J. Bourne, *The Anxiety and Phobia Workbook*, 5. Aufl. (Oakland, CA: New Harbinger, 2010), xi.

4 Taylor Clark, „It's Not the Job Market: The Three Real Reasons Why Americans Are More Anxious Than Ever Before", Slate, 31. Januar 2011, http://www.slate.com/articles/arts/culturebox/2011/01/its_not_the_job_market.html.

5 Ebd.

6 John Ortberg, *Hüter meiner Seele* (Asslar: Gerth Medien, 2015), S. 60.

7 Clark, „It's Not the Job Market".

8 Ebd.

9 Robert L. Leahy, *Anxiety Free: Unravel Your Fears Before They Unravel You* (Carlsbad, CA: Hay House, 2009), S. 4.

10 Bourne, *The Anxiety and Phobia Workbook*, xi.

11 Joel J. Miller, „The Secret Behind the Bible's Most Highlighted Verse", Theology That Sticks (Blog), 24. August 2015, https://blogs.ancientfaith.com/joeljmiller/bibles-most-highlighted-verse.

Kapitel 2

1 John MacArthur Jr., *Philippians*, The MacArthur New Testament Commentary (Chicago: Moody Press, 2001), S. 273.

2 Taylor Clark, *Nerve: Poise Under Pressure, Serenity Under Stress, and the Brave New Science of Fear and Cool* (New York: Little, Brown, 2011), S. 100–101.

3 Ebd.

4 Verkehrsstaus erhöhen Infarkt-Risiko, Spektrum, 21.10.2004. http://www.spektrum.de/news/verkehrsstaus-erhoehen-infarkt-risiko/762859.

Kapitel 3

1 Mit freundlicher Genehmigung verwendet.

2 Henri J. M. Nouwen, *The Essential Henri Nouwen*, hrsg. v. Robert A. Jonas (Boston: Shambhala, 2009), S. 131–132.

Kapitel 4

1 Taylor Clark, *Nerve: Poise Under Pressure, Serenity Under Stress, and the Brave New Science of Fear and Cool* (New York: Little, Brown, 2011), S. 25–26.

2 Spiros Zodhiates, Hrsg., *Hebrew-Greek Key Word Study Bible: Key Insights into God's Word, New International Version* (Chattanooga, TN: AMG Publishers, 1996), Nr. 5770, S. 2122.

3 Ebd., Nr. 1919, S. 2072.

4 L. B. Cowman, *Streams in the Desert: 366 Daily Devotional Readings*, hrsg. v. Jim Reimann, bearb. Aufl. (Grand Rapids, MI: Zondervan, 1997), S. 462–463.

5 „Telegram from Anna Spafford to Horatio Gates Spafford re being ‚Saved alone' among her traveling party in the shipwreck of the Ville du Havre", Library of Congress, https://www.loc.gov/item/mamcol000006.

6 Horatio Spafford, „It Is Well with My Soul", deutscher Text: Theodor Kübler (1880).

Kapitel 5

1 Taylor Clark, *Nerve: Poise Under Pressure, Serenity Under Stress, and the Brave New Science of Fear and Cool* (New York: Little, Brown, 2011), S. 3–9.

2 Gerhard Kittel, Hrsg., *Theological Dictionary of the New Testament*, übers. v. Geoffrey W. Bromiley (Grant Rapids, MI: Wm. B. Eerdmans, 1964), Band 2, S. 588–589.

3 W. E. Vine, *Vine's Expository Dictionary of the New Testament Words: A Comprehensive Dictionary of the Original Greek Words with Their Precise Meanings for English Readers* (McLean, VA: MacDonald Publishing, k. D.), Eintrag „Gentle, Gentleness, Gently", S. 484–485.

4 John Chrysostom, *Homilies on Paul's Letter to the Philippians*, übers. v. Pauline Allen (Atlanta, GA: Society of Biblical Literature, 2013), S. 285.

5 *Theodoret of Cyrus: Commentary on the Letters of St Paul*, übers. v. Robert Charles Hill (Brookline, MA: Holy Cross Orthodox Press, 2001), Band 2, S. 78.

6 William C. Frey, *The Dance of Hope: Finding Ourselves in the Rhythm of God's Great Story* (Colorado Springs, CO: Waterbrook Press, 2003), S. 175.

Kapitel 7

1 Kennon M. Sheldon, Todd B. Kashdan und Michael F. Steger, Hrsg., *Designing Positive Psychology: Taking Stock and Moving Forward* (New York: Oxford University Press, 2011), S. 249–54. Siehe auch Amit Amin, „The 31 Benefits of Gratitude You Didn't Know About: How Gratitude Can Change Your Life", Happier Human, http://happierhuman.com/benefits-of-gratitude.

Kapitel 8

1 Text und Musik: Martin Luther, „Ein feste Burg ist unser Gott", EG 362.

2 John B. Polhill, *Acts*, Band 26 des *The New American Commentary*, hrsg. v. David S. Dockery (Nashville, TN: Broadman and Holman, 1992), S. 517.

3 William J. Larkin Jr., *Acts, The IVP New Testament Commentary Series*, hrsg. v. Grant R. Osborne (Downers Grove, IL: InterVarsity Press, 1995), S. 369.

4 Darrell L. Bock, *Acts, Baker Exegetical Commentary on the New Testament*, hrsg. v. Robert W. Yarbrough und Robert H. Stein (Grand Rapids, MI: Baker Academic, 2007), S. 747.

5 Zum Beispiel die English Standard Version, New International Version, New Living Translation und The Message.

6 Die Geschichte wurde mir persönlich erzählt. Mit freundlicher Genehmigung verwendet.

Kapitel 9

1 Mit freundlicher Genehmigung verwendet.

2 Mit freundlicher Genehmigung verwendet.

Kapitel 10

1 Kent und Amber Brantly mit David Thomas, *Called for Life: How Loving Our Neighbor Led Us into the Heart of the Ebola Epidemic* (Colorado Springs, CO: WaterBrook, 2015), S. 97.

2 Hebräer 4,16.

3 Brantley, *Called for Life*, S. 97.

4 Thomas Obediah Chisholm, „Great Is Thy Faithfulness", https://www.hymnal.net/en/hymn/h/19.

5 Im Original: Annie S. Hawks, „I Need Thee Every Hour", http://cyberhymnal.org/htm/i/n/ineedteh.htm.

6 Brantly, *Called for Life*, S. 115.

Kapitel 11

1 Spiros Zodhiates, Hrsg., *Hebrew-Greek Key Word Study Bible: Key Insights into God's Word, New International Version* (Chattanooga, TN: AMG Publishers, 1996), Nr. 3534, S. 2093.

Fragen zur Vertiefung

1 Gildas, Lorica des heiligen Patrick, Wikipedia, https://de.wikipedia.org/wiki/Lorica_%28Religion%29.

2 Horatio Spafford, „It Is Well with My Soul", deutscher Text: Theodor Kübler (1880).

3 Flannery O'Connor, *The Habit of Being: Letters of Flannery O'Connor*, hrsg. v. Sally Fitzgerald (New York: Farrar, Straus and Giroux, 1979), S. 307.

4 Text und Musik: Martin Luther, „Ein feste Burg ist unser Gott", EG 362.

5   Eine Martin Luther nachempfundene Wandinschrift im Billy Graham Center Museum, Wheaton College, http://www.wheaton.edu/bgcmuseum/Exhibits/Rotunda-of-Witnesses/Martin-Luther; Hervorhebung des Autors. (Der Text schöpft aus den Wochenpredigten über Johannes 6–8, WA 33,80. Anm. d. Übersetzers.).

6   Dietrich Bonhoeffer, *Widerstand und Ergebung: Briefe und Aufzeichnungen aus der Haft*, hrsg. v. Eberhard Bethge, 13. Aufl. (Gütersloh: Gütersloher Verlagshaus Gerd Mohn, 1985), S. 73.

Originally published in the U.S.A. under the title: *Anxious for Nothing*
Copyright © 2017 by Max Lucado
Published by arrangement with Thomas Nelson,
a division of HarperCollins Christian Publishing, Inc.
© der deutschen Ausgabe 2018 by Gerth Medien GmbH,
Dillerberg 1, 35614 Asslar
Wenn nicht anders angegeben, wurden die Bibelzitate der *Hoffnung für alle* Bibel entnommen. Copyright © 1983, 1996, 2002, 2015 by Biblica Inc.®
Verwendet mit freundlicher Genehmigung von Fontis – Brunnen Basel.
Alle weiteren Rechte weltweit vorbehalten.
Weitere verwendete Übersetzungen:
Gute Nachricht Bibel, revidierte Fassung, durchgesehene Ausgabe,
© 2000 Deutsche Bibelgesellschaft, Stuttgart (GN)
Lutherbibel, revidiert 2017, © 2016 Deutsche Bibelgesellschaft, Stuttgart. (LÜ)
Neue Genfer Übersetzung – Neues Testament und Psalmen,
Copyright © 2011 Genfer Bibelgesellschaft (NGÜ)
Neues Leben. Die Bibel, © 2002 und 2006 SCM R.Brockhaus im
SCM-Verlag GmbH & Co. KG, Witten (NL)

1. Auflage 2018
Bestell-Nr. 817469
ISBN 978-3-95734-469-4

Umschlaggestaltung: Hanni Plato
Umschlagfoto: Sergii Votit/Shutterstock
Satz: Uhl + Massopust, Aalen
Druck und Verarbeitung: GGP Media GmbH, Pößneck
Printed in Germany

www.gerth.de